Bibliographic information published by the German National Library:

The German National Library lists this publication in the National Bibliography; detailed bibliographic data are available on the Internet at http://dnb.dnb.de .

Imprint:

Copyright © 2015 GRIN Verlag
Print and binding: Books on Demand GmbH, Norderstedt Germany
ISBN: 9783668914117

This book at GRIN:

https://www.grin.com/document/458873

Yasser Oussalah

Spécification Formelle des Services Web à Interface Flexible

GRIN Verlag

GRIN - Your knowledge has value

Since its foundation in 1998, GRIN has specialized in publishing academic texts by students, college teachers and other academics as e-book and printed book. The website www.grin.com is an ideal platform for presenting term papers, final papers, scientific essays, dissertations and specialist books.

Visit us on the internet:

http://www.grin.com/

http://www.facebook.com/grincom

http://www.twitter.com/grin_com

République Algérienne Démocratique et Populaire
Ministère de L'Enseignement Supérieur et de la Recherche Scientifique
Université Constantine 2

N°d'ordre :
Série :

Faculté des Nouvelles Technologies de L'Information et de la Communication

Laboratoire LIRE

Thèse

Pour obtenir le diplôme de Doctorat en Informatique

Spécification Formelle des Services Web à Interface Flexible

Présentée par : OUSSALAH Yasser

Soutenue le ....../......./2015

Dédicaces

Ce travail est dédié à :

Ma chère mère, mon cher père, ma sœur, mes grands-parents, mes oncles, mes tantes et tous mes amis et à ceux qui m'ont aidé.

Remerciements

Je remercie en premier lieu Dieu le tout puissant miséricordieux de m'avoir donné l'aide, la force et le savoir de bien accomplir ce travail.

Je tiens à remercier mon encadreur Docteur Zeghib Nadia de m'avoir encadré dans la réalisation de cette thèse de doctorat. Je lui suis très reconnaissant pour m'avoir suivi tout au long de cette thèse.

Je tiens également à remercier le Professeur Maamri Ramdane de l'université Constantine2, le Professeur Meslati Djamel de l'université d'Annaba, le Docteur Bennoui Hammadi de l'université de Biskra et le Professeur Chaoui Allaoua de l'université Constantine2, d'avoir accepté d'examiner ce travail.

Je tiens à remercier aussi tous ceux qui m'ont soutenu et qui ont contribué de près ou de loin à l'élaboration de ce travail.

Résumé

Le domaine des services Web en informatique apparaît comme un nouveau modèle d'automatisation des interactions entre applications distribuées et hétérogènes. La réutilisation des services Web dans des contextes pour lesquels ils n'ont pas été conçus à l'origine conduit à des hétérogénéités entre les composants impliqués dans une composition de services Web. Ces hétérogénéités peuvent survenir à plusieurs niveaux : structurel, comportemental, sémantique et qualité de service. Pour assurer des interactions correctes entre les services Web, un mécanisme d'adaptation doit être considéré. L'objectif de cette thèse est de fournir une approche de composition flexible qui traite les hétérogénéités entre les services Web et qui garantit la bonne interaction entre eux. Nous spécifions formellement la composition flexible des services Web en utilisant un langage basé sur la logique de réécriture à savoir Maude. Nous montrons comment adapter les interfaces des services Web existants sans avoir le besoin de changer leur code source manuellement. Par conséquence, les services Web existants peuvent être facilement réutilisés dans un large éventail d'applications, et les bibliothèques de services n'auront pas besoin de stocker de nombreuses variantes d'un composant qui ne diffèrent que par la façon dont les interfaces sont utilisées.

Mots-clés : Service Web, Spécification formelle, Maude, Adaptation, Composition de services Web.

Abstract

The service oriented computing is emerging as a new model for automating the interactions among distributed and heterogeneous applications. The reuse of Web services in contexts for which they were not originally designed raises heterogeneities among the involved components in the Web service composition. These heterogeneities may occur at different levels: structural, behavioral, semantic, and even quality of service. To ensure the correct interaction among Web services, an adaptation mechanism should be considered. The aim of this thesis is to provide a flexible approach for service composition which deals with Web service heterogeneities and that ensures proper interaction and correct working among them. We specify formally the flexible Web service composition using the rewriting logic-based language Maude. We show how to adapt the interfaces of existing web services without having to operate on the source manually. As a result, existing Web services may be easily reused in a broader range of applications, and services libraries do not need to store many variants of a component that differ only in how the interfaces are used.

Keywords : Web service, Formal specification, Maude, Adaptation, Web service composition.

ملخص

ميدان خدمات الويب (services Web) في الإعلام الآلي يبرز كنموذج جديد للتفاعل الآلي بين التطبيقات الموزعة وغير المتجانسة. يؤدي استعمال خدمات الويب في المجالات التي لم تكن مصممة لها أصلا إلى بروز عدم التجانس بين المركبات المعنية على مستوى واجهاتها. قد يحدث هذا التغاير على مستويات مختلفة: هيكلية وسلوكية، دلالية، وحتى غير وظيفية. لضمان التفاعل الصحيح بين خدمات الويب ينبغي أن يكون هناك آلية تكيف لهاته الخدمات تضمن تشغيل البينية التركيبية بين الخدمات المعنية. الهدف من هذه الأطروحة هو توفير منهجية تضمن التركيب المرن لخدمات الويب من خلال ضمان التوافق بين واجهاتها. في هذه الأطروحة نقدم صيغة رياضية للتركيب المرن لخدمات الويب باستخدام لغة منطقية وهي "Maude". ونبين كيفية تكييف واجهات خدمات الويب الموجودة دون الحاجة لتغيير الشفرة يدويا. ونتيجة لذلك، يمكن إعادة استخدام خدمات الويب الحالية بسهولة في مجموعة واسعة من التطبيقات ولن تكون المكتبات الخدماتية بحاجة لتخزين العديد من النسخ لنفس العنصر والتي تختلف فقط في كيفية استخدام واجهاته.

الكلمات المفتاحية: خدمة ويب؛ صيغة رياضية؛ مود؛ التكيف؛ تكوين الخدمة.

Table des matières

Liste des figures

Liste des Tables

Introduction générale

Introduction générale

- **Contexte**

De nos jours, Internet s'est progressivement intégré dans la société et il est devenu un moyen communément utilisé pour communiquer et échanger tout type d'information. Chaque jour, dans le monde entier, des milliers de personnes se connectent pour consulter leurs courriers électroniques, pour chercher des informations pratiques, pour enrichir leurs connaissances ou plus simplement pour discuter avec d'autres internautes. Cette évolution de l'Internet et la compétitivité entre les entreprises ont été les facteurs de l'explosion de ce qu'on appelle les *« services web »*. La notion de service web désigne essentiellement une application mise à disposition sur Internet par un fournisseur de services, et accessible par des clients à travers des protocoles Internet standards. La particularité des services web réside dans le fait qu'ils offrent un modèle de composants à couplage faible en utilisant la technologie Internet comme infrastructure pour la communication. Les services web constituent une concrétisation des principes de l'architecture orientée services (SOA : *« Service Oriented Architecture »*) où les unités fonctionnelles sont découplées et exposées en tant que services indépendants pour favoriser leur réutilisation.

L'architecture orientée services (SOA) qui a récemment gagné (1) une attraction considérable, permet des adaptations plus faciles et plus souples des infrastructures logicielles d'une entreprise. Ce qui peut constituer un apport de rapidité et d'efficacité pour le e-business. C'est pourquoi, un nombre important d'entreprises et d'organisations mettent en œuvre leur couche métier et les exposent en tant que services d'application sur Internet.

Dans le but de fournir des fonctionnalités de plus en plus élaborées, la *composition* des services web joue un rôle primordial et constitue une évolution naturelle de cette technologie. En particulier, si aucun service web simple ne peut satisfaire une requête d'un client, il devrait y avoir une possibilité de combiner (composer) un ensemble de services web existants pour satisfaire cette requête. Ceci permet de mettre en place des composants services web au profit de l'intégration d'applications sur le web afin de satisfaire un plus large éventail de clients.

La composition consiste donc à combiner plusieurs services pour répondre à un besoin donné car les nombreux services atomiques disponibles sur Internet ne peuvent pas toujours satisfaire individuellement des requêtes spécifiques. Ces services doivent alors être intégrés pour créer des services composites à valeur ajoutée.

La composition des services utilise des règles de composition décrivant comment les différents services peuvent être composés dans un service global cohérent. En particulier, elles précisent l'ordre dans lequel les services sont invoqués et les conditions sous lesquelles un service peut être invoqué. Ceci définit le comportement effectif d'un service web composite.

- **Problématique**

Malgré les efforts de recherche et de développement autour de la composition des services web, celle-ci reste une tâche hautement complexe et pose un certain nombre de défis. Sa complexité provient généralement des sources suivantes :

- L'augmentation dramatique du nombre des services sur le Web rend très difficile la recherche et la sélection des services pouvant répondre à un besoin donné.
- Les services sont créés et mis à jour de façon hautement dynamique.
- Les services web sont d'habitude développés par différentes organisations qui utilisent différents modèles conceptuels pour décrire leurs caractéristiques.
- La modularité constitue une caractéristique importante des services Web, par conséquent, les services web composites doivent garder récursivement les mêmes caractéristiques que les services web basiques à savoir auto-descriptifs, interopérables, et facilement intégrables.

La coopération entre les services pour offrir un nouveau service composite, peut s'avérer une tâche dure puisque l'opération de composition est souvent confrontée à des problèmes *d'incompatibilité* entre les services. Ces incompatibilités sont dues essentiellement au fait que les services web sont développés indépendamment les uns des autres.

Ces incompatibilités peuvent être de différents types :

3

- Elles peuvent concerner la structure des interfaces des services (nombre et types de ports d'entrées/sortie).
- Elles peuvent être dues à des différences syntaxiques et/ou sémantiques des données échangées entre les services.
- Elles peuvent être d'ordre comportemental où la coopération des services composés donne un *comportement anormal* de l'ensemble (tel que l'inter-blocage).
- Elles peuvent concerner des aspects de qualité de service (QdS) où la composition fournit un service composite de qualité non satisfaisante.

Ces incompatibilités entre services web peuvent avoir des conséquences néfastes sur la composition telle que le blocage lors de l'exécution. Il est donc nécessaire d'une part de vérifier la compatibilité entre les services web pour promouvoir la correction et la cohérence des interactions ; et d'autre part de disposer de mécanisme d'adaptation qui permet de résoudre ces incompatibilités (quand ceci est possible) et favoriser la flexibilité des services web.

Nous entendons par flexibilité la capacité de prendre en compte le besoin de changement non seulement au niveau de la phase conception (qui découle du pouvoir de description inhérent au langage de spécification utilisé) mais aussi et surtout le besoin de restructuration pouvant avoir lieu avant ou durant l'exécution du processus et sans être anticipé durant la phase de conception.

- **Objectif**

Cette thèse rejoint les travaux qui explorent le domaine vaste des services web. Elle vise à doter les services web d'un mécanisme d'adaptation qui leur permet d'être flexibles durant une composition. Ceci favorise une adaptation automatique dans une composition dynamique des services.

Cette flexibilité est énormément souhaitable dans un environnement hautement dynamique tel que celui du web. Cependant, compte tenu du caractère « boite noire » des services web, cette flexibilité concerne uniquement *l'interface* du service et n'altère (et ne peut altérer) en aucun cas les fonctionnalités principales du service. Ainsi on évite de développer des services « identiques » qui ne diffèrent que par leur interface (i.e leur manière de coopérer avec leur environnement).

Dans le cadre de cette thèse, nous nous focalisons sur la *spécification* des services web permettant d'intégrer la *flexibilité de l'interface* lors de l'exécution (« run-time »). Cela devra se traduire par la capacité d'exprimer la reconfiguration dynamique et la coordination adaptative d'un service.

Les principaux objectifs de la thèse consistent à fournir:

- Une composition de service à couplage faible : Le fournisseur de services et le service client n'ont pas besoin d'être au courant du style d'interaction des services ; (ils doivent donc être composée de manière dynamique).

- Une transformation dynamique des interfaces hétérogènes : ce qui requiert la définition de correspondance entre les structures des messages distincts selon les patrons d'incompatibilité, et les résoudre au moment de l'exécution.

- Définir l'approche de composition et d'adaptation dynamique formellement en utilisant un mécanisme formel adéquat qui permet de raisonner formellement à un niveau élevé d'abstraction sans compromettre l'efficacité.

Pour atteindre ces objectifs, les problèmes auxquels il faut répondre et les aspects auxquels nous nous intéressons sont multiples :

- Une première étape consiste à établir un état de l'art de la composition des services web pour mettre en relief les tendances actuelles.

- Une étape indispensable, consiste à étudier les principaux types d'incompatibilités qui peuvent surgir lors d'une composition.

- Ensuite, une approche d'adaptation des services doit être mise au point. Elle doit être fondée sur une architecture modulaire efficace qui permet de procéder à des compositions de services préalablement « incompatibles ».

- Cette approche d'adaptation doit être formellement spécifiée pour favoriser sa compréhension, son évolution et sa vérification formelle. La spécification sera élaborée dans un cadre formel adéquat offrant si possible des outils pratiques de vérification.

- Notre contribution devra être illustrée par une étude de cas

- **Organisation de la thèse**

Cette thèse est organisée en deux parties.

A- La première partie décrit le ***contexte scientifique*** de la thèse. Elle s'étale sur trois chapitres :

Chapitre1 : Services web

Ce chapitre présente les concepts généraux relatifs aux services web qui constituent la brique de base de notre travail. On y décrit en particulier les principaux standards et la notion d'interface de service qui est un concept clé de notre contribution.

Chapitre 2 : Composition des services web

Ce chapitre décrit le principe et l'intérêt de la composition des services web. Il présente les différents types de composition et met en relief la nécessité d'une composition flexible et dynamique. Il établit un état de l'art des travaux concernant les types de compositions pertinents.

Chapitre 3 Adaptation des services web

Ce chapitre met en relief les problèmes d'incompatibilité lors d'une composition de services et montre la nécessité d'un mécanisme d'adaptation des services web pour les rendre flexibles.

B- La seconde partie présente la ***contribution*** proprement dite et compte trois chapitres.

Chapitre 4 : Approche de Composition flexible de services web

L'objectif de ce chapitre est de décrire l'approche et l'outil proposés pour accomplir une composition flexible des services web. En particulier il présente en premier lieu l'intérêt de la flexibilité dans une composition dynamique. Ensuite il donne le modèle de composition et décrit les différents composants de ce modèle. Enfin il donne un aperçu sur l'outil *CompAdapt* que nous avons développé pour implémenter l'approche proposée.

Chapitre 5 : Spécification formelle de la Composition flexible de services web

Ce chapitre détaille la spécification formelle des principaux aspects relatifs à la composition flexible de services web. Dans un premier temps, il cite les intérêts des spécifications formelles dans le contexte des services web. Il établit un état de

6

l'art des formalismes de spécification des services web. Il présente la logique de réécriture et le langage Maude comme cadre formel de spécification et donne la spécification Maude de la composition flexible des services web.

Chapitre 6 :

Ce chapitre illustre l'utilisation de l'approche de composition via une étude de cas réaliste. Il s'agit de la spécification de la composition des services web dans une agence de voyage où des incompatibilités entre les services peuvent surgir et entraver le processus de composition. On montre que la spécification permet de vérifier la compatibilité, prend en charge l'adaptation des interfaces des services et garantit formellement une composition correcte des services.

Enfin nous achevons notre travail par une conclusion générale permettant de le situer par rapport aux travaux passés et futurs.

Chapitre 1 : Les services Web

Chapitre 1 : Les services Web

I. Introduction

Les applications logicielles deviennent de plus en plus distribuées, complexes et coûteuses. En effet, les systèmes basés sur le paradigme de l'architecture orientée services (SOA) découplent les clients et les fournisseurs de services en s'appuyant sur les protocoles et les langages standards de services (par exemple, http, SOAP (2), WSDL (3)) et un registre par exemple, UDDI (4) ou le registre ebXML (5)). En théorie, ce couplage faible permet aux clients de services de se déplacer aisément entre les partenaires commerciaux internes et externes d'une entreprise, et toujours sélectionner le partenaire qui est le plus approprié à un moment donné. Ainsi, les descriptions de services devraient permettre à d'autres systèmes de logiciels de découvrir les services existants qui répondent et qui sont conformes à certaines exigences spécifiques (exprimés, par exemple, sous la forme d'une requête d'utilisateur). Donc, la définition WSDL de service devrait soutenir les caractéristiques pertinentes à des fins de découverte. Bien que la standardisation des services web a réduit l'hétérogénéité, et rend plus facile leur interopérabilité, cette dernière ne cesse d'être remise en question. En effet, les services sont hébergés par de différents fournisseurs. L'un des problèmes majeurs des services web sont les inadéquations entre ses interfaces. Ceci peut se produire lorsque les services sont réutilisés dans un contexte pour lequel ils n'ont pas été conçus à l'origine. En conséquence, étudier la conformité des interfaces de services est une tâche indispensable dans la phase de composition.

Ce chapitre vise à mettre en évidence deux enjeux majeurs, le premier est la présentation des différents standards avec quelques définitions, historiques et principes de service. Le deuxième enjeu est lié à étudier profondément la notion d'interface, ainsi que la notion de compatibilité et conformité entre les interfaces de service.

La technologie de service web permet à des applications de dialoguer à distance via Internet, et ceci indépendamment des plates-formes sur lesquelles elles reposent. Plusieurs définitions des services Web ont été mises en avant par différents auteurs.

Ci-dessous, nous citons une définition généralement acceptée et fournie par le consortium W3C (6).

II. Définition

Un service web : est un système logiciel destiné à supporter l'interaction ordinateur–ordinateur sur le réseau. Il a une interface décrite en un format traitable par l'ordinateur (e.g. WSDL). Les autres systèmes réagissent réciproquement avec le service Web d'une façon prescrite par sa description en utilisant des messages SOAP, typiquement transmis avec le protocole http et une sérialisation XML, en conjonction avec d'autres standards relatifs au web.

D'autres définitions analogues n'exigent pas l'usage exclusif de WSDL pour la description des interfaces de service ou celui de SOAP pour le traitement des messages. En fait, certains auteurs proposent l'utilisation de messages XML pour l'échange direct de données sur le protocole HTTP. De même, la définition officielle du consortium W3C référence spécifiquement le protocole HTTP, mais dans la pratique, d'autres protocoles sont également utilisés.

Une étude plus détaillée des points communs partagés par les différentes définitions et les utilisations qui sont faites de services Web, permet d'identifier au moins deux principes fondamentaux:

- Généralement, les services Web interagissent les uns avec les autres avec des messages encodés en XML. Dans certains cas, les messages sont envoyés dans un codage binaire.
- Les interactions des services Web peuvent être décrites dans des interfaces comportementales. La définition du W3C a restreint l'utilisation de ces interfaces de services Web pour la dimension fonctionnelle et structurelle, à l'aide de WSDL qui permet essentiellement de décrire les noms des opérations et les types de messages correspondants. Cependant, d'autres auteurs proposent d'envisager aussi les aspects comportementaux et non fonctionnels.

Les services web ne sont pas liés à un des modèles de programmation spécifiques. En d'autres termes, les services web ne sont pas concernés par la façon dont les messages sont produits ou consommés par des programmes. Cela permet aux fournisseurs d'outils de développement d'offrir des interfaces de programmation au-dessus de n'importe quel langage de programmation, sans être lié à aucune norme (7).

III. Caractéristiques

Pour maximiser la réutilisation de services, ces derniers doivent être interopérables. Afin de satisfaire une telle interopérabilité, la définition des services doit avoir un certain nombre de caractéristiques. Les plus connues sont les suivantes:

- Le fonctionnement d'un service est défini par un contrat qui sert à décrire le service
- Le langage d'implémentation du service n'importe pas
- L'échange d'information entre services doit être standardisé
- La manière d'utiliser le service est définie par une interface
- Le service n'expose pas la manière dont il est implémenté dans son interface
- Le service doit pouvoir se décrire à ses clients (autres services et utilisateurs)
- Le service doit pouvoir être découvert par un mécanisme de découverte

Les services Web fournissent un moyen standard de l'interopérabilité entre les différentes applications logicielles, fonctionnant sur une variété de plates-formes. L'architecture des services web fournit un modèle conceptuel et un contexte pour comprendre les services web et les relations entre les composantes de ce modèle. L'architecture des services web est une architecture d'interopérabilité. Elle identifie les éléments nécessaires pour assurer l'interopérabilité entre les services web. L'architecture de base des services web est composée de trois acteurs :

Le fournisseur du service :

Il reçoit la requête du consommateur, il la traite et puis il renvoie la réponse

Le client ou le consommateur du service :

Il envoie la requête de demande d'un service web

L'annuaire de services:

Il publie la description du service selon la figure 1.1 (8).

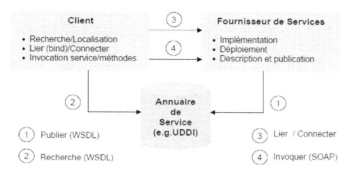

Figure 1.1 - Les Interactions entre les services web

1. Le fournisseur de service se charge de publier la description des services auprès d'un serveur UDDI. Cette opération se fait en envoyant un message à l'annuaire UDDI. Ce message regroupe la localisation du service, la méthode d'invocation (et les paramètres associés) ainsi que le format de réponse. Toutes ces informations seront décrites ensuite à l'aide du langage WSDL.

2. Un utilisateur qui veut consulter le service interroge en premier lieu le serveur UDDI pour savoir quels sont les services disponibles qui répondent à ses besoins. Le serveur lui retourne la liste des possibilités pour sélectionner l'une d'elles. A cette étape, l'utilisateur ne possède qu'une URL (Uniform Resource Locator) qui identifie le service sélectionné (9).

3- l'utilisateur invoque le service en envoyant une requête au service via son URL.

IV. Principaux Standards des services web

Quatre principaux standards majeurs ont été conçus pour favoriser une application robuste et fiable des services web:

- XML (eXtensible Markup Language) (10).
- SOAP (Simple Object Access Protocol) protocole d'appel et de transmission de messages (11).
- WSDL (Web Service Definition Language) spécification d'interface (12).
-UDDI (Universal Description, Discovery and Integration) annuaire mondial des prestations de services en ligne (13).

1. XML : (eXtensible Markup Language)

Extensible Markup Language (XML) est une famille de technologies développées au sein du W3C (World Wide Web Consortium). Il a un format de texte simple, très souple dérivé de SGML (ISO 8879). Il a été conçu à l'origine pour répondre aux défis de l'édition électronique à grande échelle. XML joue également de plus en plus un rôle important dans l'échange d'une grande variété de données sur le Web et ailleurs.

XML est largement utilisé par les entreprises et supporté par les manufacturiers informatiques. Il est indépendant des plates-formes informatiques. Il est lisible par l'humain mais il est destiné à être lu par la machine.

XML est lié aux spécifications qui entourent les types de documents afin de fournir un format lisible.

L'utilisation de XML rend facile la communication entre les services, et la description de leurs interfaces.

XML permet de définir des balises et de leur associer une interprétation. Les fichiers XML contiennent du texte contenant des balises ouvrantes et fermantes. Ces balises décrivent la nature des données qu'elles encadrent. En outre, les protocoles de communication dans les services Web utilisent l'interface et les messages XML pour décrire les fonctions et les interactions des services (14).

2. WSDL (Web Services Description Language)

WSDL, basé sur XML, permet de décrire le service web, en précisant les méthodes disponibles, les formats des messages d'entrée et de sortie, et comment y accéder (3) (9).

L'élément racine d'une description WSDL est une *définition*. Chaque document définit un service comme une collection de points finaux ou *ports*.

Les opérations et les messages sont décrits d'une façon abstraite, et ensuite liés à un format concret de protocole de réseau et un *type de port* pour définir un point final. Les paramètres concrets liés sont combinés en paramètres abstraits (services).

WSDL est extensible pour permettre la description des points finaux et leurs messages indépendamment des formats et des protocoles utilisés dans la communication (3).

Un document WSDL utilise les éléments suivants pour la définition des services:

− *Types* : qui définissent le type des données échangées.

− *Message* : qui définit d'une manière abstraite des données transmises.

− *Operation* : qui décrit d'une manière abstraite les actions supportées par le service.

− *Port Type* (appelé *Interface* dans WSDL2.0) : qui représente un ensemble d'opérations correspondant chacune à un message entrant ou sortant.

13

– *Binding* (*Rattachement*) : décrit le protocole de communication et le format des données échangées via un port.

– *Port* : qui est une adresse d'accès au service.

– *Service* : qui regroupe un ensemble de ports (9).

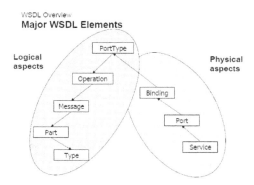

Figure 1.2- Les principaux éléments du WSDL

3. SOAP(Simple Object Access Protocol ou Service Oriented Access Protocol)

SOAP est un protocole pour l'échange d'informations dans un environnement reparti, basé sur le standard *XML*. Ce protocole consiste en trois parties : une enveloppe qui définit un canevas pour décrire le contenu du message et comment le traiter, un jeu de règles de codage pour exprimer les cas de types de données définis par l'application et une convention pour représenter des appels de procédure distante (*RPC's*) et ses réponses. Le SOAP peut potentiellement être utilisé en combinaison avec une variété d'autres protocoles. Toutefois, seuls les liaisons définies dans ce document décrivent comment utiliser SOAP en combinaison avec HTTP et HTTP Extension Framework (2). SOAP utilise principalement les deux standards HTTP et XML:

– HTTP comme protocole de transport des messages SOAP, il constitue un bon moyen de transport en raison de sa popularité sur le web.

– XML pour structurer les requêtes et les réponses, indiquer les paramètres des méthodes, les valeurs de retour, et les éventuelles erreurs de traitements.

Le message SOAP est englobé dans une enveloppe et divisés en deux parties (figure 1.3) : l'entête et le corps.

L'entête (ang. *Header*) offre des mécanismes flexibles pour étendre un message SOAP sans aucune préalable connaissance des parties communicantes. Les extensions peuvent contenir des informations concernant l'authentification, la gestion des transactions, le payement, ... etc .

Figure 1.3 - Le formatage visuel d'un message SOAP

Le corps (ang. *Body*) offre un mécanisme simple d'échange des informations mandataires destinées au receveur du message SOAP. Cette partie contient les paramètres fonctionnels tels que le nom de l'opération à invoquer, les paramètres d'entrée et de sortie ou des rapports d'erreur (9).

4. Annuaire UDDI

La norme actuelle pour les registres de services est le standard UDDI (Universal Description, Discovery and Integration) défini par l'organisation UDDI, qui est une partie de l'organisation OASIS, et elle est destinée à agir comme un courtier d'information entre les consommateurs de services et les fournisseurs de services (15).

Un UDDI (Universal Description, Discovery and Integration) définit les mécanismes permettant de répertorier des services web. Ce standard régit donc l'information relative à la publication, la découverte et l'utilisation d'un service web. En fait, UDDI définit un registre des services web sous un format XML. Ce registre peut être public, privé ou partagé (14).

Dans le cadre d'une stratégie généralisée d'indirection entre les applications basées sur les services, l'UDDI offre plusieurs avantages pour les responsables informatiques à la fois au moment de la conception et au moment de l'exécution, notamment en augmentant la réutilisation du code et l'amélioration de la gestion des infrastructures, en permettant de:

- Publier les informations sur les services Web et la catégorisation des règles spécifiques à une organisation.
- Trouver des services Web (au sein d'une organisation ou à travers les frontières organisationnelles) qui répondent aux critères donnés.

- Déterminer les protocoles de sécurité et de transport pris en charge par un service Web donné.

- Déterminer les paramètres nécessaires pour invoquer le service.

- Fournir un moyen pour isoler les applications (en fournissant un basculement et un routage intelligent) des défaillances ou des changements dans les services invoqués (15).

L'architecture d'UDDI est représentée par la figure suivante (figure 1.4) dont les différents composants sont des documents XML.

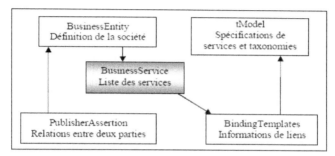

Figure 1.4- Les composants d'un annuaire

- Affirmation d'éditeur (Publisher assertion) : elle est optionnelle, elle est utilisée pour décrire l'organisation dans son intégrité si elle est composée de plusieurs divisions. Toutes les parties de l'organisation et leurs relations sont décrites dans ce module.

- Entité commerciale (business entity) : La structure de l'entité commerciale représente le fournisseur des services web. Dans le registre UDDI, cette structure contient des informations sur l'entreprise elle-même, y compris les informations de contact, les catégories de l'industrie, les identificateurs d'entreprises, et une liste des services fournis.

- Offres de service (Business service): La structure des offres de service représente un service web individuelle fourni par l'entité d'affaires. Sa description comprend des informations sur la façon de se lier au service web, le type de service web, et quelles sont les catégories taxonomiques auxquelles il appartient.

16

- Liaisons UDDI (Binding Template): ce module décrit les points d'accès au Web services (URL) et le moyen d'y accéder.
- Types de services (tModel): permet d'associer un service à sa description en WSDL (14).

En plus des quatre principaux standards décrits ci-dessus, d'autres standards ont été définis. Quelques-uns d'entre eux sont récapitulés dans le tableau 1.1 (16). Ces standards prennent en charge plusieurs exigences dans le processus de communication et de découverte des services. Parmi ces fonctionnalités on compte : la découverte, la description, l'échange, la transaction, la sécurité, l'orchestration... etc.

Fonctions	Standards
Découverte	UDDI, WSIL, ADS (Advertisement and Discovery of Services Protocol), ebXML.
Description	WSDL, Daml-S, OWL-S, SAWSDL,
Echange	SOAP, DIME (Direct Internet Message Encapsulation), SWAT (SOAP With Attachment).
Transaction	SOAP-RP (SOAP-Routing Protocol) WS-Transaction (XML Web Services Transaction Language) BTP (Business Transaction Protocol)
Sécurité	SAML (Security Assertion Markup Language) XACML (XML Access Control Markup Language) WS- Security (Web Services Security)
Orchestration des processus	BPML (Business Process Management Language) BPEL4WS (Business Process Execution Language for Web Services)WSBPEL,
Gestion de l'interfaçage client	WSUI (Web Services User Interface) WSXL (Web Services eXperience Language) WSRP (Web Services for Remote Portals) WSCL (Web Services Component Model)
Pilotage des échanges B2B	BTP Biztalk ebXML RosettaNet
Documents commerciaux	xCBL (XML Common Business Library) UBL (Universel Business Language)

Table 1.1- Tableau récapitulatif de quelques standards

V. Interface de service web

La tendance récente dans les services web favorise un scénario de calcul où les parties faiblement couplés interagissent dans un environnement distribué et dynamique. Ces interactions sont des séquences de messages XML décrites pour assembler les parties - soit statiquement ou dynamiquement. Donc, il est important de vérifier dans une composition de services que les contrats des parties (protocoles) sont compatibles afin de garantir le bon fonctionnellement entre ces parties dans le service global.

Lors de la définition d'un service Web, il devrait y avoir deux types de contacts, pour cela, nous définissons deux types de contrats des services Web.

Le premier contrat permet de décrire un service web en termes de messages (documents XML) qui peuvent être envoyés ou reçus. Ce contrat est généralement décrit dans le langage (WSDL).

Le second contrat concerne le comportement du service et donne une définition abstraite du protocole de conversation du service web. Ce type de contrat est généralement décrit dans les langages BPEL et WSCI.

D'après les informations fournies ci-dessus nous concluons qu'il y a deux types de définitions de contrat entre les services web, le premier qui permet de définir les messages envoyés et reçus dans une interaction de services web et le deuxième contrat permet de définir l'ordre des opérations invoquées dans une composition de services web c'est-à-dire les contraintes d'ordonnancement afin d'aboutir à une composition cohérente de services web. Ces contrats sont souvent appelés interfaces de services web. Dans cette section, nous nous intéressons à définir les différents contrats de service (ou interfaces de services web) qui sont l'interface structurelle et comportementale, et nous allons aussi étudier la conformité entre ces interfaces afin d'établir la notion de compatibilité entre les services impliqués dans une interaction ou plus exactement dans une composition de service web.

1. Types d'interface d'un service web

1.1. Interface structurelle

Le langage de description de service web (WSDL) permet de décrire et de publier des descriptions abstraites et concrètes des services web. Ces descriptions incluent le schéma des messages échangés entre le client et le serveur, le nom et le type des opérations que le service expose, ainsi que les emplacements (URL) où le service peut être contacté. En outre, il définit quatre modèles d'interaction déterminant l'ordre et la direction des messages échangés. Par exemple, le modèle de demande-réponse qui est utilisé pour décrire une opération synchrone : lorsque le client émet une requête et reçoit une réponse du service par la suite (17).

➢ La description de l'interface d'un service en WSDL contient plusieurs parties comme nous l'avons déjà mentioné au début du chapitre. La partie qui nous intéresse c'est le *portType* qui est la définition abstraite de l'interface de service web, car on fait toujours référence à elle lorsque nous parlons d'interface structurelle, alors nous pouvons tirer une définition adéquat d'après ce qui précède :

➢ Les interfaces de service sont utilisées afin d'annoncer les fonctionnalités offertes aux services clients. Elles sont décrites en utilisant WSDL comme un ensemble d'opérations fournies, chacune est décrite à l'aide d'une signature, c'est-à-dire : typée de in/out arguments.

En effet, dans une description WSDL d'un service, l'interface structurelle définit :

• Les noms des operations.
• Les paramètres (en entrée et en sortie) des opérations ainsi que leurs types.

Voici dans la figure 1.5 une description simplifiée de l'interface structurelle d'un service web.

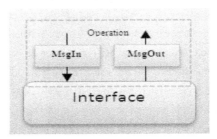

Figure 1.5- Représentation simplifiée d'interface structurelle de service web

1.2. Interface comportementale

Les services Web sont des systèmes logiciels faiblement couplés échangeant des séquences de messages dans un environnement distribué et dynamique. Dans ce contexte, il est fondamental pour les clients d'être en mesure de rechercher - aussi à l'exécution – les services ayant les capacités requises, à savoir le format des messages échangés, et le protocole - ou d'un contrat de comportement - nécessaires pour interagir avec succès avec le service. A leur tour, les services sont tenus de publier de telles capacités dans certains référentiels connus (17).

En plus de l'ensemble des opérations spécifiées dans l'interface de service, un service élémentaire décrit à l'aide BPEL4WS (ou BPEL pour faire court) définit un protocole d'interaction à long terme, appelé protocole métier, où les opérations sont appelées selon l'ordre et les contraintes de temps. Ces protocoles mélangent les deux comportements internes et externes, tandis que les derniers (conversations) sont plus pertinents pour la composition automatique. En bref, ils constituent l'interface comportementale d'un service web. L'interface comportementale peut être décrite dans des standards tels que BPEL4WS (Business Process Execution Language for Web Services) (18) ou WSCI (19), (Web Service Choreography Interface) (20).

Ces langages offrent les opérations classiques des langages de programmation pour décrire des enchaînements d'interactions (séquence, parallélisme, alternative, itération, ... etc). Donc l'interface comportementale d'un service représente l'enchaînement des interactions entre le service et ses clients. Une conversation initiée par un client avec le service est aussi une instance du modèle de processus représenté dans l'interface fournie du service. Lorsque la définition de l'interface fournie du service change vers une nouvelle définition de son interface, et les conversations, initiées par les clients ne sont pas toutes terminées ; ces conversations engendrent des incompatibilités avec la nouvelle définition de l'interface fournie. Tout cela arrive si le processus de composition est conçu au moment de la conception des services. Par contre, si la composition est conçue au moment d'exécution, il n'y'aura pas des changements au niveau des services qui nécessitent une réconciliation pour ces derniers.

Plus précisément le WS-BPEL définit un modèle et une grammaire pour décrire le comportement d'un processus métier basé sur les interactions entre les processus et ses partenaires. L'interaction avec chaque partenaire se produit à travers les interfaces de services web, et la structure de la relation au niveau de l'interface est encapsulée dans ce qu'on appelle un *PartnerLink*. Le processus WS-BPEL définit la façon dont les interactions multiples de services avec ces partenaires sont coordonnées pour atteindre un objectif métier, ainsi que l'état et la logique nécessaire pour cette coordination. WS-BPEL introduit aussi des mécanismes systématiques pour traiter les exceptions métier et les défauts de traitement. En outre, WS-BPEL introduit un mécanisme pour définir comment les activités individuelles ou composites dans une unité de travail doivent être indemnisés dans les cas où des exceptions se produisent ou un partenaire demande l'inversion.

WS-BPEL utilise plusieurs spécifications XML: WSDL 1.1, XML Schema 1.0, XPath 1.0 et XSLT 1.0. Les messages WSDL et les définitions de types schémas XML fournissent le modèle de données utilisé par les processus WS-BPEL. XPath et XSLT fournissent un soutien pour la manipulation des données. Toutes les ressources externes et les partenaires sont représentés comme des services WSDL. WS-BPEL fournit l'extensibilité pour tenir en compte des futures versions de ces normes, en particulier le XPath et des normes liées sont utilisés pour le calcul XML. Un processus WS-BPEL est une définition réutilisable qui peut être déployée de différentes façons et dans de différents scénarios, tout en maintenant un comportement uniforme au niveau de l'application dans chacun d'eux (21).

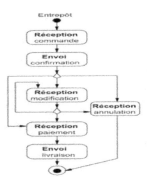

Figure 1.6- Exemple d'interface comportementale

2. Compatibilité des interfaces de services web

Afin de décrire la notion de compatibilité et de conformité entre les interfaces de services, il est nécessaire d'introduire quelques notions élémentaires telles que la notion d'échange de messages entre les interfaces de services.

Les mécanismes de communication des services web sont basés sur l'envoi et la réception de messages par un réseau. Le format de ces messages est fixé par un standard tel que SOAP qui est basé sur XML. Les messages SOAP sont transportés sur le réseau via d'autres protocoles standards de communication tels que HTTP, FTP, etc. Un message SOAP est construit par un service (par exemple, Réservation d'hôtel) dans le but d'être envoyé à destination par un autre service (par exemple, Itinéraire). Le message fourni contient, *l'adresse de l'hôtel* que l'opération *itinéraire* exige afin de fournir la carte géographique de l'itinéraire entre l'hôtel et une destination souhaitée. Les messages fournis généralement contiennent aussi d'autres valeurs des paramètres nécessaires à l'exécution de cette opération (1 pp. 8-9) .

Dans le cas d'opérations synchrones (de type RPC) qui signifie que chaque fois qu'un client accède à une application de service Web, le client reçoit une réponse SOAP immédiatement. Une opération synchrone est une opération de demande-réponse. Les services synchrones sont conçus lorsque les applications clientes exigent une réponse plus immédiate à une demande. Si l'opération est asynchrone, alors elle prend en paramètre un message en entrée (ou message en réception) uniquement (1 p. 8).

Les enchaînements entre les opérations fournies sont décrits dans un langage de composition tel que BPEL (voir la figure 1.7, l'opération *commander* suivie de l'opération *payer* et finalement par l'opération *livrer*). Les interactions sont initiées par le client (magasin) à travers l'envoi d'un message qui contient les informations nécessaire pour l'invocation de l'opération *commander* du service fournisseur (entrepôt). Comme il est décrit dans la figure 1.7, le service client envoie un message pour invoquer l'opération synchrone de commande avec une liste des articles commandés comme paramètre (commander(ListArt)). L'opération de commande retourne en résultat un message de confirmation (réponseCmd) de réception de la commande. Et selon l'interface comportementale qui dicte l'ordre d'exécution des opérations admissibles, le service client doit effectuer ensuite l'opération *payer* en envoyant le message payer (Détails CC). Ce message contient les détails de la carte de crédit nécessaires pour l'exécution de l'opération de paiement (payer(détailsCC)). Un dernier message, de notification de la livraison (livrer(dateLiv)) est envoyé par le service fournisseur (entrepôt) au client (1 pp. 8-9).

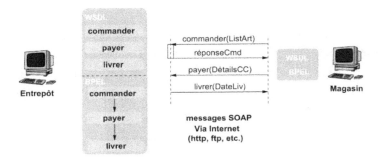

Figure 1.7- Communication entre des services Web

Les conversations: les services Web interagissent entre eux par transmission de messages dans un contexte. En particulier, une interaction entre les deux services, le service client et fournisseur, est décrite par un message envoyé par le client qui sera finalement reçu par le fournisseur. Au cours de ces interactions les rôles de clients et fournisseur peuvent être inversés. Une séquence de ces interactions est appelée une conversation de services Web (22 pp. 9--13).

L'étude des incompatibilités entre deux interfaces I1 et I2 est justifiée pour de nombreuses raisons. Supposons que l'interface I1 et I2 sont compatibles au moment de conception mais l'une de ces interfaces est l'issue d'une évolution, donc la compatibilité peut ne plus être vérifiée. Ce qui nécessite un mécanisme d'adaptation pour assurer le bon fonctionnement entre les interfaces de ces services. Cela nécessite d'adapter les interfaces fournies aux interfaces requises afin d'assurer la compatibilité nécessaire dans une composition. Ce type d'incompatibilité est le résultat d'une composition statique où le processus métier est conçue au moment de conception ; ce qui induit des incompatibilités d'évolution d'interface au moment d'exécution. Mais si la composition est dynamique, (c.a.d le model de composition est généré au moment d'exécution en se basant sur la requête d'utilisateur) les incompatibilités se produisent seulement entre les schémas XML de définitions des interfaces structurelles tandis que le flux de composition est assurée par le service planificateur.

2.1. La compatibilité structurelle

Une interface requise I2 est dite conforme à une interface fournie I1 sur le plan structurel si et seulement si la structure de chaque message envoyé (respectivement reçu) décrit dans l'interface fournie est la même que la structure du message reçu (respectivement envoyé) décrit dans l'interface requise. Deux structures de messages sont identiques si elles ont les mêmes signatures d'opérations et les mêmes définitions des paramètres et leurs types (1 p. 14). Les patrons d'incompatibilités entre deux interfaces structurelles sont definis dans la figure 1.8.

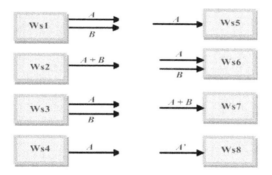

Figure 1.8- Les patrons de disparités structurelles entre interfaces fournies et requises

2.2. La compatibilité comportementale

Une interface requise I2 est dite conforme à une interface fournie I1 sur le plan comportemental si et seulement si toute conversation entre elle est accomplie avec succès, mais aussi chacun d'elles atteint ses résultats attendus (état final).

Une conversation cohérente entre un client et un fournisseur est un ensemble d'échanges de messages qui s'exécutent selon l'enchaînement des interactions décrit dans l'interface comportementale du fournisseur (à la conception ou à l'exécution). Dans le but d'assurer la cohérence de la conversation entre le fournisseur et le client, les services doivent être compatibles sur le plan structurel et comportemental de telle sorte que chaque interface fournie par le service doit correspondre à celle requise par le client (1 p. 14).

En résumant, la compatibilité structurelle est assurée lorsque la structure du schéma d'envoie dans l'interface fournie respecte celle de réception dans l'interface requise. Tandis, que la compatibilité comportementale entre deux services est vérifiée si chaque activité d'envoi du service S1 à une activité de réception correspondante dans l'autre service. Donc, l'ordre des activités doit être préservé dans chaque interface comportementale des services impliqués dans une composition. La figure 1.9 montre les deux interfaces comportementales magasin et entrepôt. Dans le premier cas entre les interfaces d'entrepôt et de magasin 1, les interfaces sont dites compatibles sur le plan comportemental. Tandis que dans le deuxième cas, les interfaces de Magasin 2 et entrepôt sont dites incompatibles sur le plan comportemental (1 p. 15).

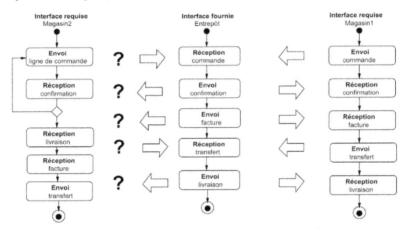

Figure 1.9- Conformité comportementales des interfaces fournies et requises

3. Vérification de compatibilité : conception versus exécution

La compatibilité entre les interfaces fournies et les interfaces requises doit être testée afin de garantir leur composition. En effet, ce test de compatibilité pourrait être établit soit à la conception d'une composition de services qui implique les spécifications de conversation entre les services clients et les services partenaires, ou à l'exécution par la génération de contrôle de flux durant l'arrivée de la requête de l'utilisateur. En fait, dans la plus part des travaux sur la composition statique des services web, le concepteur de la composition apporte des modifications nécessaires dans le schéma des interactions et dans la mise en œuvre des applications clientes à chaque test négatif de la compatibilité. Si le test de conformité est positif, la composition de services pourrait être déployée comme un nouveau service composite. L'évolution peut affecter à la fois l'interface structurelle et l'interface comportementale. Certaines évolutions induisent des incompatibilités à la fois sur le plan structurel et comportemental. Ces évolutions affectent les applications clientes et les partenaires qui les utilisent. Particulièrement, les incompatibilités se produisent lorsque la nouvelle version d'interface fournie ne simule pas le comportement de l'ancienne version de l'interface fournie. Tandis que, sur le plan structurel, les incompatibilités se produisent lorsque la structure des messages envoyés et reçus dans la nouvelle version n'est plus compatible avec celle des messages envoyés et reçus dans l'ancienne version. Les tests de compatibilité à l'exécution impliquent que les services engagés dans une composition ne sont pas connus à la conception (à l'avance). En fait, seulement au moment d'exécution que les services partenaires sont choisis et le modèle de composition généralement est obtenu dynamiquement. En conséquence, Dans les solutions de composition purement dynamiques, le problème d'incompatibilité des interfaces sur le plan comportemental est résolu du fait que le modèle de composition est obtenu automatiquement par un planificateur de service (1 p. 59) (23) .

VI. Conclusion

Dans ce chapitre nous avons présenté les différents éléments de définition des services web, et les technologies les plus pertinentes qui les entourent, en l'occurrence : XML, SOAP, WSDL et UDDI.

Principalement, ce chapitre a permis de suivre les points suivants :

- L'avantage majeur des services web est leur indépendance totale par rapport aux plates-formes, aux matériels et aux langages d'implémentation.

- L'exploitation de standards largement répandus permet d'assurer la totale indépendance par rapport aux plates-formes. Par ailleurs, les services web simplifient considérablement l'intégration (jusque-là problématique) des solutions basées sur Java et sur Windows. Le programmeur peut ainsi choisir comment implémenter son service web, sans se restreindre au langage utilisé par les utilisateurs du service.

- Les technologies de services Web permettent l'échange des messages entre les services en adoptant les standards suivants:
  - XML, XML Schéma définissant les données à échanger
  - SOAP est le protocole utilisé pour l'échange des données
  - WSDL spécifie les détails des services, les messages et les paramètres

- UDDI prend en charge la publication et la localisation des services

- Utilisation des schémas XML et WSDL pour représenter les données de façon appropriée.

- les outils de développement fournissent des mappages automatiques entre les structures du langage de programmation et les structures des services Web.

Notons également que les services web sont en mesure de se décrire eux-mêmes grâce au WSDL, ce qui simplifie leur utilisation dans un bon nombre de langages et d'environnements de programmation.

Nous avons présenté les types d'interfaces de services web à savoir : l'interface structurelle et comportementale. Nous avons aussi mis en évidence les différents critères de compatibilité et montré sous quelles conditions deux interfaces de services web sont compatibles, et peuvent être composées.

Il convient de noter qu'il serait intéressant d'observer si les services web entreront en concurrence avec les technologies existantes, ou s'ils viendront plutôt les compléter. Certes, ils ne sont pas encore parvenus à s'imposer sur toute la ligne, mais l'avenir leur réserve sans aucun doute un rôle de première importance.

Chapitre 2 : Composition des services web

Chapitre 2 : Composition des services web

I. Introduction

Généralement les Services Web atomiques sont limités et ils fournissent des fonctionnalités relativement simples. Néanmoins, pour certains types d'applications, il est nécessaire de combiner un ensemble de services Web atomiques en un service plus sophistiqué afin de répondre à des exigences plus complexes, ce qui est connu sous le nom de la *composition de services web*. La composition au sens large englobe plusieurs activités qui correspondent à différentes phases de son cycle de vie, depuis la description jusqu'à l'exécution. Généralement, le cycle de vie d'une composition de services se compose des activités de publication, de découverte, de synthèse de la composition, d'orchestration, de contrôle, et de surveillance de la composition pendant son exécution. La publication englobe deux opérations élémentaires qui sont la description des services et l'inscription aux registres. La découverte consiste à trouver dans les annuaires les services qui peuvent répondre à un besoin métier. Parfois, l'activité de découverte peut s'accompagner avec une phase de sélection impliquant un utilisateur ou un agent de choisir entre plusieurs services. La synthèse de la composition permet d'aboutir à une spécification de la façon dont sont coordonnés les services afin de répondre à un besoin métier, c'est-à-dire un modèle de composition comportant l'ordre et les conditions dans lesquels elles s'enchaînent les opérations des services. Le temps de la génération de telle spécification définit le type de composition, soit statique ou dynamique. Lorsque la spécification est générée au moment de conception la composition est dite statique. Tandis que, lorsque la spécification de la composition est générée au moment d'exécution, la composition dans ce cas-là est dite dynamique. Finalement, l'orchestration sert à concrétiser la synthèse de composition en invoquant effectivement les services participants, en les exécutant, en supervisant et en gérant l'exécution de la composition. Pendant l'étape d'exécution, la substitution de service peut avoir lieu afin de remplacer un service par un autre en cas de défaillance (24).

II. Intérêt de la composition

Les technologies de services Web deviennent de plus en plus un nouveau paradigme de l'informatique distribuée. Avec le nombre élevé de services web disponibles sur Internet, il existe un besoin croissant de fournir des courtiers d'information qui peuvent intégrer de manière autonome des services web conçus pour des buts entièrement différents afin de satisfaire la demande de l'utilisateur.

En fait, il y a beaucoup de services à travers le web, mais chaque service pris isolément a une fonctionnalité limitée. Souvent, un seul service ne suffit pas pour répondre à la demande de l'utilisateur et donc les services existants devraient être combinés dans des services composites afin de répondre à un objectif spécifique.

Pour cette raison, la notion de services composites commence à être utilisée comme un ensemble de services combinés dans un processus métier pour réaliser la demande d'un utilisateur. Les services composites sont modélisés comme des processus métier adoptés par un moteur de processus de service. Les opportunités croissantes offertes par la composition de services web a conduit au développement de nombreux langages de composition de services web, comme BPEL (18), WSCI (19), WS-CL (25), et OWL-S (26).

III. Définition d'une composition

Une composition de services Web est l'agrégation de plusieurs services qui interagissent les uns avec les autres, afin d'offrir de nouvelles fonctionnalités qu'un seul service atomique ne pourrait pas les offrir.

La composition de services Web est étudiée selon deux points de vue. Lorsque la description des services est défini d'un point vue globale, où les messages entre les services web participant sont décrits dans un échange collaboratif, le terme employé pour cela est la chorégraphie, et un point de vue local ou privé des services web composites, on parle alors de terme d'orchestration (27).

IV. Composition via chorographie/orchestration

1. Orchestration

L'orchestration de services Web résulte un nouveau service Web dit service Web composite, qui est défini comme l'agrégation de plusieurs autres services Web atomiques ou composites. Ce service composite contrôle la collaboration entre les services Web engagés dans la composition, tel qu'un chef d'orchestre (28) (27).

Dans l'orchestration, les services web concernés sont sous le contrôle d'un coordinateur central (un autre service web). Ce coordinateur arrange l'exécution des différentes opérations de services Web participant au processus global. Les services Web invoqués ne connaissent et n'ont besoin de savoir qu'ils sont impliqués dans un processus de composition, et qu'ils jouent un rôle dans la définition des processus métiers. Seul le processus central (coordinateur de l'orchestration) est conscient de cet objectif. Ainsi, l'orchestration est centralisée par des définitions comportementales explicites des opérations et l'ordre d'appel des services Web. Ces derniers décrivent les interactions entre services web en identifiant les messages, et en spécifiant la logique et les séquences d'invocation. Le module exécutant les interactions de ces services web est appelé un moteur d'orchestration (la Figure 2.1). Ce module joue le rôle d'intermédiaire entre les services web, en les appelants suivant les interfaces comportementales de ces derniers.

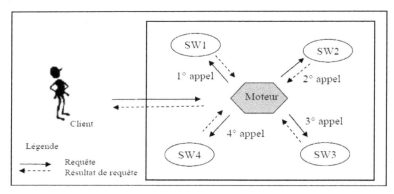

Figure 2.1- Vue générale de l'orchestration

2. Chorégraphie

La Chorégraphie est associée à des échanges visibles et globaux de messages, qui définissent des règles d'interaction et les accords qui se produisent entre les multiples processus métiers. La chorégraphie de services web est une généralisation de l'orchestration qui consiste à concevoir une coordination décentralisée des services Web. Dans une chorégraphie, les interactions sont décrites de type pair-à-pair (P2P) dans un langage de description de chorégraphie. Les services suivent alors le scénario global de composition sans point de contrôle central. En effet, un modèle de chorégraphie décrit une collaboration entre un ensemble de services pour atteindre un objectif commun. Il capture les interactions dans lesquelles les services participants s'engagent pour atteindre cet objectif et les dépendances entre ces interactions, y compris: causalité et / ou control de flux de dépendances (c'est à dire qu'une interaction donnée doit se produire avant une autre, ou qu'une interaction provoque une autre), les dépendances d'exclusion (qu'une interaction donnée exclut ou remplace une autre), dépendances de donnée dans un flux, les corrélations d'interaction, et les contraintes de temps.

La chorégraphie est aussi appelée composition dynamique. En effet, l'exécution n'est pas régie de manière statique comme dans une composition de type orchestration. Dans une chorégraphie (voir la Figure 2.2), à chaque pas de l'exécution, le service web choisit le service web qui lui succède et implémente ainsi une partie de la chorégraphie. La composition de type chorégraphie n'est pas connue, ni décrite à l'avance (27).

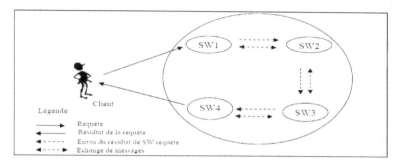

Figure 2.2- vue générale de la chorégraphie

3. Orchestration vs Chorégraphie

L'orchestration et la chorégraphie sont deux façons de décrire comment les services web peuvent interagir au niveau de messages, y compris la logique métier et l'ordre d'exécution des interactions. Cependant, les méthodes d'orchestration visent à synthétiser le service médiateur or coordinateur, qui a comme rôle de contrôler les échanges de messages entre les services participants. WS-BPEL est bel et bien le langage standard pour orchestration de services web. Tandis que, la chorégraphie, est plus collaborative de telle sorte que chaque partie impliquée dans le processus décrive son propre rôle pour un objectif commun. En d'autres termes, la chorégraphie englobe toutes les interactions entre les services participants qui sont pertinents par rapport à l'objectif de la chorégraphie. Cela signifie que, l'exécution de la composition est distribuée par tous les services web participants.

En conséquence, une spécification générée par l'orchestration identifie les étapes d'exécution pour les services participants. Tandis qu'une spécification de chorégraphie décrit l'ensemble de la conversation admissible pour un service web composite (29).

Leur différence dans la topologie du service composite explique clairement pourquoi les méthodes d'orchestration sont appelées approches centralisées ou basées sur la médiation tandis que les méthodes de chorégraphie sont appelées distribuées ou peer-to-peer (29).

V. Types de composition

Dans cette section, nous allons présenter les types de composition selon le dégrée d'intervention du concepteur de composition dans la définition du modèle de cette dernière, et selon le temps de la génération du model de composition (le temps de conception vs le temps d'exécution).

1. Composition statique/dynamique

La composition statique de service signifie que le demandeur doit construire un modèle de processus abstrait avant de commencer la composition (au moment de conception). Le modèle de processus abstrait comprend un ensemble de tâches et leur dépendance de données. Chaque tâche contient une clause de requête qui est utilisée pour rechercher le service web atomique réel pour satisfaire cette tâche.

La composition dynamique permet de créer à la fois le modèle de processus et de sélectionner automatiquement les services atomiques à l'exécution afin de satisfaire la demande de l'utilisateur. La composition de service web dynamique est très prometteuse car elle permet à l'exécution de sélectionner les services web existants afin de fournir un nombre illimité de nouveaux services pour satisfaire la demande de l'utilisateur.

2. Composition automatique/manuelle

La composition manuelle de service implique l'intervention du concepteur de processus dans la génération du service composite. Donc, le concepteur doit identifier le processus abstrait de composition et puis le concrétiser et l'exécuter dans un moteur d'orchestration de service.

La composition automatique signifie que la génération du processus globale de composition se fait automatiquement sans l'intervention du concepteur de la composition. Dans la composition de service web entièrement automatisé, la découverte de services web, la mise de correspondance entre les services et l'exécution sont effectuées automatiquement. Lorsque le facteur humain est enlevé, la composition des services web se fait à la demande à chaque cas et automatiquement elle est adaptée au besoin de l'environnement.

Malheureusement, la composition manuelle et statique de service web prennent beaucoup de temps, et elles sont sujettes à l'erreur et deviennent rapidement impraticable lorsque le nombre de services augmente. Donc, afin de faire face au changement continu de l'environnement, les services doivent être composés automatiquement en se basant sur la requête de l'utilisateur.

VI. Nécessité d'une composition automatisée de services Web

Dans cette section, nous allons présenter brièvement et analyser un ensemble d'exigences qui doivent être satisfaites pour la réussite et la complétude du processus de la composition.

1. Automatisation

Puisque le but de notre étude est d'automatiser la composition de services web, alors l'exigence principale est que la génération du schéma de composition doit être au moins partiellement (sinon totalement) automatisée.

Le but principal derrière la conception d'une approche pour gérer la composition de services web est de minimiser l'intervention de l'utilisateur et d'accélérer le processus de production d'un service composite qui satisfait les besoins des utilisateurs prédéfinis.

L'automatisation réduit le temps consacré, dans le but de créer un schéma de composition par rapport au temps nécessaire dans une approche de composition manuelle, élimine les erreurs humaines, résout le problème d'évolution des protocoles métiers, et aide à réduire le coût global du processus.

Par conséquent, une approche réussie pour une composition de service web est celle qui fournit le niveau le plus élevé possible d'automatisation (30).

2. Dynamicité

Une caractéristique essentielle d'une approche de composition de service est de savoir si elle produit un schéma de composition statique ou dynamique. Cette distinction est étroitement liée au temps de création du schéma de la composition, soit lors de la conception ou au moment de l'exécution.

Une approche de composition statique consiste à élaborer un modèle de composition qui décrit le flux de contrôle des activités menées par chaque service. Elle permet aussi de choisir les composants de services qui peuvent être utilisés afin de relier l'ensemble dans un service composite exécutable. Enfin, la dernière phase consiste à déployer le processus composite.

Ce processus ne peut pas être modifié de toute manière après le commencement de l'exécution. Par conséquent la composition au moment de la conception est souvent attribuée à des approches de composition statiques. En revanche, les approches de composition pseudo-dynamique produisent un schéma de composition abstrait, qui est essentiellement un processus de composition sans les liaisons de service réels. Le schéma de composition abstraite se concrétise au moment de l'exécution, lorsque les points de terminaison de service sont liés à chaque tâche abstraite dans le schéma.

La dynamicité de la composition garantit qu'un schéma de composition produit sera cohérent et exécutable après le temps de sa conception initiale. Un schéma de composition dynamique est en mesure de surmonter les problèmes tels que : les services ne sont plus fournis et les services étant remplacés par des nouveaux fournisseurs, ce qui rendrait un schéma de composition statique invalide, incohérent et impossible de s'exécuter. Pour cette raison, les approches dynamiques de composition (moment d'exécution) sont préférables à celles qui sont statiques (moment de la conception) (30).

3. Adaptabilité

L'adaptabilité implique la capacité d'un service (atomique ou composite) à s'adapter. L'adaptation est le processus de modification d'un service afin de satisfaire de nouvelles exigences et pour s'accorder aux nouvelles situations imposées par l'environnement. L'adaptation va encore plus loin que les approches de composition dynamique, dans le sens que la première traite également des changements dans les conditions fixées par le demandeur que ce dernier ne peut pas gérer.

L'adaptation peut être *proactive*, visant à modifier une application avant qu'une déviation se produise pendant l'opération réelle et avant qu'une telle déviation puisse entraîner des problèmes. Elle peut être *réactive*, où la manipulation des erreurs et le rétablissement des problèmes sont signalés au cours d'exécution (30).

VII. Etat de l'art de la composition

Il y a eu des approches différentes pour aborder le problème de la composition des services Web (CSW). Dans ce chapitre, nous présentons un aperçu de la recherche actuelle sur la composition de service web basée sur la description du service web.

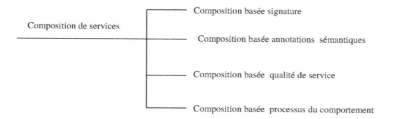

Composition de services
- Composition basée signature
- Composition basée annotations sémantiques
- Composition basée qualité de service
- Composition basée processus du comportement

Figure 2.3- La classification du problème de la composition des services web

La Figure 2.3 décrit une classification des travaux connexes sur le problème de la composition des services web basée sur l'aspect de la description de service, c'est à dire, la signature, l'annotation sémantique, la description de QdS, et la composition à base de processus de comportement.

Nous expliquant d'abord brièvement chaque groupe, et nous présentons les travaux correspondants.

1. Composition basée signature des services

Cette méthode suppose que la composition d'un service web est simplement exprimée en termes d'une interface syntaxique d'une opération (par exemple, nom de l'opération et les entrées / sorties), ou peut-être pré- et post-conditions. Ce type de composition ne nécessite pas des annotations sémantiques, les services sont sélectionnés en fonction de similarité syntaxique. En outre, ces approches de composition semblent plus réalistes. Elle ne suppose pas la fourniture du comportement de processus par le demandeur de service (où les fonctionnalités de services sont fournies comme des interfaces comportementales au moment de conception). Étant donné que les services sont des boites noires, et qu'ils ne sont accessibles que par leurs interfaces WSDL. Dans le but d'automatiser la composition de service web, ces approches prennent l'interface WSDL comme entrée. Ensuite, le service composite est généré par une méthode de chainage de services. Ce chainage permet d'aboutir à une séquence de services web où les entrées d'un service peuvent dépendre du résultat retourné par le service précédent. A chaque point de la sélection du service web suivant, l'avenir est uniquement déterminé sur la base des propriétés exprimées dans la requête du client. Par conséquent, le client ne peut rien faire pendant le calcul ou l'exécution du service composite (29 p. 28).

36

La signature de l'interface d'un service se réfère au profil de l'interface spécifiant la structure des paramètres et des types de données connexes ainsi que d'éventuelles exceptions.

Il existe de nombreuses recherches basées sur la description de la signature du service web (31), (32), (33), (34), (35), (36), (37), (38).

Dans (31) Srivastava et al. Indiquent que la plupart des solutions industrielles sur problème de la composition de services web décrivent principalement la signature de l'opération individuelle du service web. Elles considèrent un service web comme un appel de procédure distante (Remote Procedure Call) dont le message est décrit avec une syntaxe simple et non avec des sémantiques supplémentaires.

EFlow , (32) est une plateforme pour la spécification, la promulgation, et la gestion des e-services composites. Un service composite est modélisé par un graphe, qui définit l'ordre de l'exécution des nœuds dans le processus. Le nœud du service générique dans le modèle eFlow prend en charge les définitions de processus dynamiques pour les services composites. Mais le demandeur doit être familier avec les paramètres de configuration pour promettre les caractéristiques dynamiques.

Le projet SWORD développé par Stanford Université modélise également la composition des services comme un problème de planification (33). Dans cette approche, chaque service est modélisé comme une action. La conjonction de toutes les conditions d'entrées est modélisée comme la condition préalable à l'action et les résultats comme une post-condition. Les transitions d'état sont définies en fonction de pré-conditions des actions et une transition conduit aux nouveaux états.

Dans (34), les auteurs ont proposé une approche pour la composition qui utilise uniquement les informations déjà disponibles dans les définitions d'interface de service. Ils n'exigent pas aux fournisseurs de services de décrire leurs interfaces avec des langages des balisages sémantiques. Ils ont proposé une mise de correspondance de types de données et un algorithme de composition de services. La mise de correspondance est assurée en utilisant la mesure de similarité linguistique entre deux types de données.

Dans (35) , les auteurs présentent un cadre pour la composition de services dynamiques et de jumelage des paramètres. Ils ont discuté les principaux problèmes rencontrés par la composition dynamique de services. Parmi lesquels le support transactionnel et l'exactitude de la composition. Pour rendre un système flexible, ils impliquent la participation des utilisateurs à quelques étapes comme la sélection des services et la décision de jumelage. Tandis que dans (36) , une étude d'algorithmes de jumelage (matchmaking) modernes et leurs applications a été présenté dans la mise en correspondance de services Web.

Dans (38), les auteurs décrivent les algorithmes du moteur de recherche Woogle pour les services Web. En effet, Woogle prend en charge la recherche de services par une contrainte de similarité entre les services web de telle sorte que le but de la sélection est de trouver des opérations similaires de services web tout en considérant les contraintes de composabilité entre ces services. Woogle groupe d'abord les noms des paramètres dans des concepts sémantiquement signicatifs, et qui seront ensuite employés pour calculer la similitude entre les paramètres ou les noms d'opération.

Dans notre travail (37), nous avons présenté un algorithme qui supporte à la fois la composition dynamique et l'adaptation des services web. La description de l'interface des services est utilisée pour détecter les incohérences entre les services. Cette approche permet d'effectuer le rétablissement des inadéquations structurelles via un ensemble d'opérations de mappage. Nous avons prouvé la faisabilité de l'algorithme en l'implémentant dans un prototype *CompAdapt* via le langage Java.

Les approches composition basées sur la signature de service web sont considérées comme des solutions dynamiques pour la composition de service tout en préservant la nature de boite noire des services. Le seul problème de ces approches c'est que le client ne peut rien faire pendant le calcul ou l'exécution du service composite. Ceci nécessite que le client doit saisir toutes les entrées requises dès le début. Le problème des approches ci-dessus, c'est qu'ils fournissent une solution dynamique pour la composition de services sans tenir compte l'aspect de l'adaptabilité. En effet, ils ne résolvent pas les disparités existantes qui peuvent survenir lors de la synthèse de la composition. En plus de soutien pour la construction dynamique du processus de composition comme la plupart des approches ci-dessus, notre approche (39) dote aussi la composition avec un mécanisme qui permet d'adapter les interfaces de service lors de l'exécution sans modifier le code du service.

2. Composition basée annotation Sémantique

La communauté web sémantique préconise cette approche qui repose essentiellement sur la spécification de la sémantique des opérations, la spécification explicite des objectifs de composition, pré- et post-conditions des services composés d'une ontologie commune de services. Une ontologie qui est inclus dans la sémantique du langage de service web tel que "OWL-S" permet la définition du vocabulaire contenu du service web en termes d'objets et de relations complexes entre eux.

La figure 2.4 montre une ontologie de description d'un processus de service web. Sur la base de l'ontologie incluse, les algorithmes de composition peuvent trouver le service web qui montre un assemblage plus précis à la spécification de la demande que les solutions de composition basée sur la signature. Fait intéressant, l'ontologie OWL-S inclut à la fois le profil du service (qu'est-ce qu'un service web fait) et le modèle de processus de service (comment se comporte un service web). Cependant, la communauté du web sémantique prend en compte principalement le profil de service, mais pas le modèle de processus de service. Cette approche est préconisée par la communauté du Web sémantique dont la vision est de rendre les ressources accessibles par le contenu aussi bien que par les mots-clés. Ils pensent, en donnant du sens à l'expression utilisée, les machines peuvent comprendre tâche décrite d'un niveau trop élevé, puis faire le travail exact. En conséquence, les techniques de raisonnement machines basées sur une ontologie spécifique sont principalement présentés.

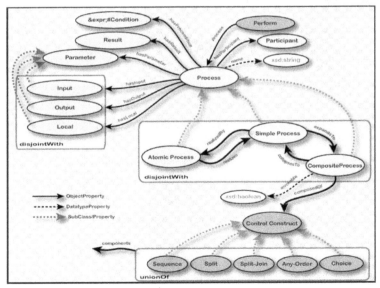

Figure 2.4- - Description de haut niveau de l'ontologie des processus (OWL-S)

Les ontologies sont utilisées comme des modèles de données tout au long de ces types d'approches, ce qui signifie que toutes les descriptions de ressources et toutes les données échangées lors de l'utilisation du service sont basées sur les ontologies. L'utilisation extensive des ontologies permet le traitement des informations sémantiquement améliorées et un soutien pour l'interopérabilité.

Le travail (40) propose un cadre basé sur l'ontologie pour la composition automatique de services web. Il utilise des règles composabilité qui comparent les caractéristiques syntaxiques et sémantiques des services web pour déterminer si deux services sont composables.

Dans (41) les auteurs décrivent un cadre pour assortir sémantiquement des services web décrits en utilisant DAML-S.

Dans (42) les auteurs proposent un langage d'ontologie sémantique basé sur (OWL-T) utilisé pour formuler des demandes des entreprises en termes de modèles de tâches structurées. Une méthode de composition automatique est utilisée pour transformer des modèles de tâches en des processus exécutables. L'utilisateur n'intervient pas ni dans le processus de composition, ni dans le choix des services.

Dans (43) les auteurs proposent un cadre (SWSCF) de composition de services web qui est basé sur la sémantique et sur la capacité d'intégrer les services selon la sémantique de domaine d'application et les exigences commerciales dynamiques. Un mécanisme d'activité hiérarchique (technique IA) permet à ce cadre de décomposer dynamiquement les besoins métiers. Ceci permet d'identifier des modèles de processus sémantiquement appropriés.

Sirin et al. (44) utilisent des informations contextuelles pour trouver des services correspondant à chaque l'étape de composition de services. En outre, ils ont filtré l'ensemble des services d'appariement en utilisant un raisonnement ontologique sur la description sémantique des services (dans le langage OWL-S), en plus des entrées de l'utilisateur.

Dans (45) les auteurs présentent un nouvel algorithme pour composer les services web, en présence de l'ambiguïté sémantique en associant l'appariement sémantique et les algorithmes de planification de l'IA.

Dans (46) les auteurs ont présenté une approche basée sur la sémantique et le contexte pour la composition de services web. Ils ont combiné des différents concepts émergents tels que la médiation, les ontologies et le contexte pour permettre la réconciliation sémantique entre les services web hétérogènes et pour mettre les services web composite au courant de leur contexte.

Dans (47) les auteurs considèrent le problème des modèles de données hétérogènes associés aux entrées et sorties des services web dans la composition. Ils proposent une approche à base de règles pour correspondre sémantiquement les entrées et les sorties des services web. Plusieurs règles de transformation de données sont définies en utilisant une logique de description d'un système de raisonnement pour analyser OWL-S et les descriptions WSDL.

Bien que l'automatisation de la composition est assurée par ces approches à base des ontologies OWL-S, la description du model (le contrôle de flux) de composition est définie de manière statique au moment de conception. Ainsi tous les ports inclus dans la description du model sont reconnu au moment de conception. Malgré cela, il y'avait peu d'effort (48) (49) de fournir des approches de composition dynamique en étendant les ontologies OWL-S ; et ils ont proposé des prototypes pour leur solutions.

3. Composition basée sur la description de qualité de service(QdS)

Dans le contexte des services web et encore plus dans un environnement omniprésent, il est nécessaire d'établir une manière d'évaluer les services. Cette évaluation permet de révéler la caractéristique la plus pertinente aux propriétés non fonctionnelles des services qui est la qualité des services (QdS). La Qualité de service (QdS) est un aspect non-fonctionnel qui représente les différents paramètres non-fonctionnels comme le temps total pris pour l'exécution d'un service, le coût, la disponibilité et les caractéristiques de sécurité, etc. Plus concrètement, la qualité de service permet de classer les services afin de choisir celui qui répond le mieux aux besoins des clients parmi tous les services répondant aux exigences fonctionnelles des clients.

Récemment, le nombre de services web sur le Web augmente rapidement, ce qui nous permet de trouver plusieurs services qui sont fonctionnellement équivalents et qui peuvent se substituer. La sélection parmi eux peut être faite à base des propriétés non fonctionnelles, appelées Qualité de Service (QdS). Cette caractéristique permet d'attribuer pour chaque utilisateur différentes préférences. En effet, la QdS peut être définie en termes d'attributs tels que le prix, le temps de réponse, la disponibilité, la réputation, ..etc. Par exemple, quand un utilisateur veut tenir compte des contraintes sur les valeurs des attributs de qualité de service, le problème de la composition n'est pas un problème de vérification d'accessibilité, mais un problème d'optimisation globale. Si un client veut le traitement du service le plus rapide, l'algorithme de composition doit trouver un service web composite qui réalise une tâche complexe donnée avec le plus petit temps de réponse total. Généralement, ce problème est mathématiquement difficile, car il faut comparer toutes les combinaisons possibles des services web candidats afin de trouver celle qui correspond le mieux aux attentes de l'utilisateur.

Récemment, la composition basée sur les qualités non fonctionnelles (QdS) a gagné une attention considérable par de nombreux chercheurs [(50), (51), (52), (53), (54), (55), (56), (57)], puisqu'elle offre des applications intéressantes avec stratégies de recherche incluant les contraintes d'utilisateur spécifiées dans le but métier. Pour gérer le problème de la composition de services web dans le but y compris les contraintes exprimées avec des contraintes fonctionnelles et non fonctionnelles des services, un modèle applicable QdS doit être pris en considération.

Dans (50), les auteurs abordent l'aspect pratique de la sélection de service en considérant la qualité du service et le coût de la sélection de service. Avec un modèle approprié de QdS de service utilisant le vecteur de référence de QdS, ils prouvent que le bon compromis entre les deux peut être fait. Il se concentre sur la composition dynamique de services web axée sur la qualité.

Dans (51), (52), on utilise une technique de planification pour la composition d'une valeur globale de QdS optimisée où les techniques de programmation linéaire sont appliquées pour trouver la sélection optimale des services. Ils considèrent également la gestion de la qualité des données dans les systèmes d'information coopératifs (58). Les auteurs se concentrent essentiellement sur le coût, le temps de réponse, et les caractéristiques de fiabilité, et de disponibilité où les réductions logarithmiques sont utilisées pour les fonctions d'agrégation multiplicatifs, et le modèle est revendiqué pour être extensible par rapport aux autres attributs qui se comportent similairement.

Dans (53), les auteurs ont présenté un modèle de calcul dynamique de QdS pour la sélection de services web grâce à l'implémentation et l'expérimentation d'un registre QdS dans une application hypothétique du marché de ravitaillement.

Dans (54) , les auteurs ont proposé des algorithmes heuristiques qui peuvent être utilisés pour trouver une solution presque optimale. Leur but de la sélection de service est de maximiser une fonction objective spécifique à l'application dans le cadre des contraintes de qualité de service de bout en bout.

Les auteurs de (55) ont proposé un cadre pour surmonter certains problèmes de découverte et de composition de services web. L'utilisation de Google Custom Search API fournit la flexibilité nécessaire pour chercher la requête de l'utilisateur sur plusieurs registres hétérogènes à la fois.

En effet, ces approches de composition basées qualité de service ont pour but de satisfaire la performance, la sécurité, la disponibilité et la fiabilité de la composition au moment d'exécution. La composition à base QdS de service permet d'avoir un service composite qui fournit les fonctionnalités requises tout en préservant tous les paramètres de qualité pour chaque service. Cependant, la plu part de ces approches ne fournissent pas des solutions pour des compositions adaptatives, car ils ne considèrent pas les hétérogénéités fonctionnelles dans la phase de construction du processus métier. Cependant, prendre en compte la notion d'adaptabilité au moment d'exécution peut servir à améliorer la qualité du service composite sans devoir substituer le service existant, ce qui nécessite un temps additionnel pour la recherche du service approprié.

4. Composition basée sur le processus du comportement

Une description du comportement d'un processus de service web est une spécification formelle de ce que le service web exécute en interne et en externe, tout en interagissant avec les utilisateurs, par exemple, en décrivant ce qu'il retourne en valeur de sortie pour une entrée donnée et son état, et comment il change son état interne.

Les comportements des services web sont représentés comme un système de transition d'état qui décrit formellement quelles sont les valeurs qu'un service web retourne, et dans quel état il sera à la réception d'une entrée spécifique. La composition avec cette information génère une stratégie pour garantir la réalisation de l'objectif qui peut être représentée par un système de transition d'état appelé un coordinateur. Donc le rôle du coordinateur sert à coordonner les activités des services existants afin d'atteindre le but spécifié dans l'état terminal de ce coordinateur (29 p. 30).

Puisque les comportements des services web peuvent être formellement définis comme une structure spécifique avec une notion abstraite d'activités possibles (par exemple, un système de transition d'états), ce type d'approches suggère de divers modèles de services abstraits qui sont efficaces pour leurs algorithmes de composition.

Dans (59) les auteurs présentent une approche de composition à base de protocole. Ils considèrent un cas général de ce problème où le nombre d'instances des services existants et qui peuvent être utilisés dans une composition donnée n'est pas limité à l'avance. En effet, ils se concentrent sur le problème de synthèse des protocoles de services. Etant donné un ensemble de protocoles de services web et le protocole cible PC. Le comportement de ce dernier est décrit par la synthèse des comportements décrits par les protocoles disponibles. Ils présentent un nouveau model PCSM (formel Product Closure State Machine) afin de tester la simulation entre PCSM et le FSM existant. Pour faire face à ce dernier problème, ils ont d'abord proposé PCAs comme un outil approprié pour décrire le comportement d'un produit proche d'un FSM, et qui est construit à base de ce cadre formel afin de prouver la décidabilité, et de vérifier la relation de simulation entre un FSM et un PCA.

Dans (60), les auteurs proposent d'utiliser UML (Unified Modeling Language) pour modéliser les services et la composition de services en model Colombo. En utilisant UML, le développeur de service web procèdera sur les modèles de haut niveau graphique d'UML en évitant les difficultés de travailler avec les détails de bas niveau et complexe de Colombo.

Les auteurs de (61) présentent un système de mise en correspondance (matchmaking) qui exploite des informations sémantique et comportementales afin de découvrir les compositions de services capables de satisfaire une demande de client. Pour cette fin, ils ont présenté un algorithme pour la découverte orientée composition de services Web. Cet algorithme effectue un appariement flexible dans un registre des annonces de service OWL-S – en considérant à la fois les informations sémantiques et comportementales, et il détermine s'il existe une composition de services capables de satisfaire une demande de client.

La planification du Réseau des tâches Hiérarchiques (HTN Hierarchical Task Network) (62) permet l'expression du comportement global. Un planificateur prend un processus composite comme entrée, c'est à dire comme des descriptions de la manière de composer une séquence d'actions d'une seule étape et essaie de trouver une collection d'instances de processus atomiques qui forment un chemin d'exécution pour un processus composite de haut niveau.

Dans (63), les auteurs se concentrent sur les services Web dont le schéma (interne et externe) peut être représentée à l'aide d'un MES (machine à états finis) et proposent un algorithme qui vérifie l'existence d'une composition, et retourne une si elle existe.

Dans (64) les auteurs proposent un réseau de Petri à base d'algèbre, utilisé pour modéliser des flux de contrôle, en tant que constituant nécessaire d'un processus fiable de composition de services web. Cette algèbre est suffisamment expressive pour capturer la sémantique des combinaisons complexes de services web.

Dans (65) les auteurs présentent une méthode de composition pour appliquer les techniques d'inférence logiques sur des modèles de plan prédéfinis. Les capacités de service sont annotées dans le langage OWL-S et puis manuellement traduits en calcul de situations (situation calculus) et Golog. Golog le langage de programmation logique implémenté au-dessus de Prolog est utilisé pour instancier un plan.

Dans (37) nous avons proposé un algorithme qui permet de faire la composition et l'adaptation dynamique des services web. Le comportement global du service composite est spécifié automatiquement tout en entrant son état initial et final. Ensuite, la fonction de composition permet d'organiser les services selon leurs entrées (inputs) et sorties (outputs) grâce à la fonction *select_adequate_ services* pour satisfaire la requête de l'utilisateur. Le processus à un premier temps est généré d'une façon abstraite, ce qui décrit le comportement abstrait global de la composition. Après cette phase de génération, les instances de chaque service seront invoquées et exécutées par un moteur de composition au moment de l'exécution. Nous avons implémenté un prototype de notre algorithme afin de montrer l'efficacité de notre approche. La majeur différence entre les approches ci-dessus et la nôtre, est que ces approches proposent une solution statique pour la composition de services web, car le comportement de chaque service ainsi que le service coordinateur sont spécifiés au moment de la conception. Cette prédéfinition du processus abstrait restreint la réutilisation des services à un ensemble limité d'interactions. En outre, les protocoles sont sujets à l'évolution constante qui affecte les services en raison des changements continus de l'environnement. En fait, les approches de compositions basées sur le protocole de comportement peuvent bien fonctionner aussi longtemps lorsque l'environnement des services web, les partenaires d'affaires, et les composants de services Web ne changent pas fréquemment (ou très rarement).

VIII. Conclusion

La composition de services web s'avère indispensable notamment lorsque un seul service ne répond pas aux exigences complexes des utilisateurs. Elle constitue un moyen de combiner et réutiliser les services web existants afin d'offrir de nouvelles fonctionnalités. Dans ce chapitre, nous avons présenté la composition de services web comme une solution pour satisfaire les exigences complexe de l'utilisateur sans avoir le besoin de créer un nouveau service. En effet, nous avons discuté les différents types de composition de services qui sont la chorégraphie et l'orchestration, et nous avons mis en évidence l'importance de chaque type dans le processus de génération du service composite. Par la suite, nous avons soulevé la nécessité de l'automatisation de la composition surtout dans un environnement dynamique. Dans la section de l'état de l'art, nous avons discuté les différentes catégories de la composition, et les caractéristiques de chaque catégorie en ce qui concerne la façon de générer le processus métier.

Bien que les efforts qui ont été investis pour fournir des plates-formes et les langages qui permettent une collaboration aisée, la composition et l'intégration des systèmes hétérogènes au moment d'exécution est encore une tâche très complexe. Cela soulève le problème des hétérogénéités qui peuvent se produire entre deux services dans le processus de composition. En conséquent, il est nécessaire d'éviter les incompatibilités qui peuvent se produire à plusieurs niveaux (structurel, comportemental, et non fonctionnel) entre les partenaires de service. Donc, il devrait y avoir un mécanisme d'adaptation afin de surmonter le problème des hétérogénéités sans le besoin de modifier le service lui-même. Ceci fera l'objet du prochain chapitre.

Chapitre 3 : Adaptation des services web

Chapitre 3 Adaptation des services web

I. Introduction

Malgré d'énormes efforts sur l'évaluation des critères de compatibilité entre les services, il y a encore beaucoup d'attention concernant la vérification de l'exactitude de la collaboration entre les services web. Par conséquent, la solution typique qui a été émergé afin de permettre aux services incompatibles d'interagir c'est l'adaptation de services web. En effet, la résolution des hétérogénéités entre services web est un aspect primordial pour la réalisation de leur composition. Dans la plupart du temps, les compositions de services conduisaient à des échecs sans une médiation entre les données échangées par ces derniers. Dans cette section, nous proposons les différents types d'hétérogénéités entre les interfaces de services, ainsi que les mécanismes proposés afin de remédier à ces problèmes.

II. Problème d'incompatibilité dans une composition de services Web

Les services web n'ont pas été conçus initialement pour interagir les uns avec les autres. En effet, de nombreuses hétérogénéités peuvent apparaitre au niveau fonctionnel, au niveau des données échangées entre les partenaires de services dans une composition, ainsi qu'au niveau comportemental entre les protocoles de services. Ces inadéquations peuvent générer des conflits pendant les trois étapes de composition (la découverte, la spécification du processus métier et à l'exécution de la composition).

- **Découverte :**

Les hétérogénéités surviennent lorsque les fonctionnalités offertes par un service web ne correspondent pas toujours aux besoins de la composition. En effet, dans la plupart du temps les fonctionnalités offertes par les services web sont décrites de manière hétérogène.

- **Spécification de processus métier:**

Les types d'hétérogénéités à cette étape concernent les différences entres les types d'interactions définis dans l'interface comportementale de chaque service. Cela peut arriver lorsque chaque service est décrit d'une manière indépendante de l'autre, ce qui déclenche des incompatibilités comportementales durant leurs interactions.

48

Généralement le type comportemental comporte des hétérogénéités tel que :

• Les incompatibilités entre les types d'interactions différents

• Les échanges des messages selon différentes séquences (66 p. 7).

• **Exécution de la composition:**

Les incompatibilités à l'exécution peuvent survenir lorsque les données échangées entre les services web engagés dans une composition génèrent des hétérogénéités qui empêchent l'exécution de la composition. Ceci peut être dû aux incompatibilités entre les données échangées entre les services web. Ces incompatibilités peuvent être syntaxiques, structurelles, sémantiques et même contextuelles (66 p. 8).

La résolution de ces hétérogénéités, appelée médiation ou adaptation, est nécessaire pour réaliser une composition de services correcte. L'utilisation de la pile standard de protocoles des services web prend en charge une partie des hétérogénéités, principalement les hétérogénéités d'ordre syntaxique. Cependant, il devrait y avoir des mécanismes additionnels afin d'assurer des interactions réussies entre les services Web. Ces mécanismes peuvent être implantés comme des médiateurs de service (66 p. 8).

La notion de médiateur a été introduite en 1992 avec les travaux de Wiederhold, qui définit un médiateur comme suit (67) :

Un médiateur est un module logiciel qui exploite la connaissance codée sur certains ensembles ou sous-ensembles de données pour créer des données d'une couche supérieure d'applications.

Wiederhold propage ce qu'on appelle médiateur-orienté architectures pour le traitement d'hétérogénéité dans les systèmes informatiques. Dans ces architectures, les médiateurs sont des composants intégrés, capables de traiter dynamiquement les hétérogénéités qui empêchent les composants du système d'interagir facilement. Le travail de Wiederhold est lié principalement au domaine des bases de données. Dans le cadre de la composition de services web, le rôle du médiateur est différent : il comprend non seulement l'adaptation des données échangées entre les services, mais aussi la résolution des déférences de fonctionnement des services web, comme les déférences de gestion des interactions ou de la sécurité (66 p. 8).

III.   Les Types d'hétérogénéités entre services web

Nous définissons les hétérogénéités entre services Web selon quatre niveaux :

1. L'incompatibilité au niveau interface :

Ce type d'hétérogénéité est associé à la signature de service comme le nom du message et d'opération, le nombre, le type d'entrée/sortie des paramètres d'opérations, et la valeur de paramètre de contrainte, suivant la classification suivante:

- Syntaxique : Il n'y a pas d'égalité entre nom des opérations des services et leur noms de messages d'entrée / sortie. Autrement dit, la compatibilité syntaxique assure que l'interface fournie par un service satisfait les interfaces requises des autres services partenaires et vice versa.
- Structurelle : Il existe des différences dans les types attendus ou les valeurs d'entrée / sortie des messages.
- Sémantique : Il existe des différences dans la l'interprétation du sens d'un élément de données ou la fonction d'une opération.
- Les messages Supplémentaires / manquants : Un service délivre un message qui n'est pas spécifié dans un autre partenaire de service et vice-versa.
- Les messages division / fusion : Un seul message d'un service est mis en correspondance avec plusieurs messages dans un autre service de la même fonctionnalité ; ou bien plusieurs messages d'un service ont un seul message correspondant dans l'autre service.

La figure 3.1 illustre un exemple d'incompatibilité structurelle entre les services web magasin et entrepôt.

Figure 3.1- Exemple d'incompatibilité structurelle des services web

2. L'incompatibilité au niveau protocole métier

Ce type d'incompatibilité est lié à des contraintes d'ordre que les services imposent sur les séquences d'échange de messages. Par exemple : un service s'attend à recevoir (envoyer) un message, tandis que son partenaire de service n'a pas l'opération du message souhaité. En d'autres termes l'incompatibilité comportementale concerne les dépendances d'échange de messages entre les services. Cela peut se produire, parce que chaque partenaire dans une composition est spécifié indépendamment de l'autre en termes d'interactions permises.

Il existe deux sous-types de cette hétérogénéité à ce niveau comme l'inter-blocage et la réception non spécifié. De manière générale, deux processus hétérogènes de service Web peuvent avoir les types de conflits suivants:

1) message manquant : Le processus possède un message de réception tandis que l'autre processus ne possède pas le message d'envoi correspondant.

2) un message supplémentaire: Le processus possède un message d'envoi tandis que l'autre processus ne possède pas le message de réception correspondant;

3) conflits d'ordre : Un processus reçoit un message dans un ordre différent par rapport à celui envoyés par l'autre processus (68 p. 59).

Dans ce qui suit, nous présentant un exemple d'incompatibilité comportementale entre deux processus de services : processus acheteur et vendeur.

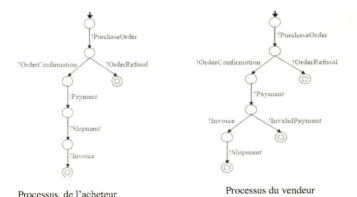

Processus de l'acheteur   Processus du vendeur

Figure 3.2- Exemple d'hétérogénéités entre les deux processus : vendeur and acheteur

Comme indiqué dans la figure 3.2, après que l'acheteur envoie un message de paiement, il attend de recevoir un message d'expédition avant l'envoi d'un message facture, tandis que le vendeur après la réception d'un message de paiement, il envoie un message facture suivie d'un message d'expédition, ou juste un message de Payement Invalide. Par conséquent, le processus de l'acheteur et le processus vendeur ont deux conflits: un message supplémentaire de Payement Invalide que le vendeur peut envoyer, mais l'acheteur ne reçoit pas, et un conflit d'ordre quand le vendeur envoie le message facture avant le message expédition tandis que l'acheteur prévoit la réception d'un message expédition avant le message facture.

Suivant l'axe de notre thèse, on s'intéresse dans cette section seulement aux incompatibilités fonctionnelles c'est à dire les incompatibilités au niveau interface et processus métier, les autres incompatibilités hors du cadre de la thèse sont :

3. Le niveau sémantique est lié aux problèmes d'interprétation des données lors des interactions entre les services clients et fournisseurs.

4. Le niveau qualité concerne l'adaptation aux exigences des services Web en termes de qualité de service (66).

IV. Etat de l'art de l'adaptation des Services web

Dans cette section, nous présentons tout d'abord la notion d'adaptation ou de la médiation d'interface des services web. Ensuite, nous examinons certains travaux connexes. Nous discutons en particulier les dimensions de la médiation : structurelle et comportementale.

1. Définition de la médiation

D'une manière générale, la médiation consiste à résoudre les conflits entre deux acteurs. Cette tâche est effectuée par un élément spécifique appelé médiateur. Dans le domaine informatique, la notion de médiateur a été initialement utilisée pour les bases de données, puis le concept a été adopté dans les services web. La médiation de services web a pour objectif de résoudre les hétérogénéités qui se présentent entre services web afin de permettre des interactions correctes (66 p. 8). Le rôle d'un médiateur de service est d'intercepter les messages hétérogènes, faire la sauvegarde si nécessaire, et expédier (avec transformation nécessaire) les messages interceptés aux services partenaires, tandis que les dépendances entre ces actions sont déterminées par le processus médiateur.

L'idée principale de la médiation de données échangées entre les services web est que tout envoi ou réception de données entre les services web doit passer par une tierce partie qui va jouer le rôle de médiateur (comme illustré sur la Figure 3.3). En d'autres termes, si un service web envoie une donnée vers un autre service web, la donnée passe par le médiateur avant que ce dernier ne la transmette à sa destination, après traitement si nécessaire (69).

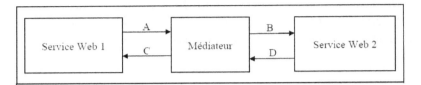

Figure 3.3- Le principe d'un médiateur de données

2. Adaptation structurelle

Pour la résolution des incompatibilités structurelles, la plupart des travaux proposent des adaptateurs qui s'appuient sur des outils de transformation de données tels que XPath (70) (71), XQuery (72), XSLT (73) pour manipuler les structures des messages définis généralement dans le standard WSDL. Principalement, les approches d'adaptation des interfaces de services web sont basées sur les travaux fondateurs de Yellin et Strom sur l'adaptation de composants (74). L'idée de base pour la construction des adaptateurs est la création d'une pile qui mémorise les messages reçues durant la conversation. Une fois que tous les messages, sont reçus dans un format P, l'adaptateur choisit automatiquement les opérations de transformations nécessaires afin d'obtenir un message dans un format R. Ensuite, l'adaptateur se charge de transmettre le nouveau message qui respecte l'interface requise afin qu'il sera obtenu à son destinataire final. Un adaptateur permet de résoudre les incompatibilités structurelles en appliquant des règles de transformation des structures des messages envoyés et reçus (75). Dans (76) (77), les approches proposées étudient les incompatibilités structurelles induites par les différences dans les formats de l'envoi et de la réception des messages. Les adaptateurs sont construits de manière semi-automatique en se basant sur des patrons d'incompatibilité identifiés qui servent à utiliser les opérateurs d'adaptations correspondantes. Par exemple, si l'interface requise d'un service fournisseur décrit les messages des informations civiles (nom, prénom, adresse) dans une seule structure, et que le service client les envoie séparément, l'adaptateur dans ce cas invoque une opération dite fusion afin de séparer les messages agrégés dans la structure de l'interface fournie. En effet, cet adaptateur reçoit les messages multiples d'informations du client séparément, et puis il crée une structure agrégée d'un message unique qui respecte le format attendu par le service client. Une fois que la structure du message est conforme à la structure du message défini dans l'interface requise du service, l'adaptateur envoie ce nouveau message au service. Cependant, pour ce type de solution, aucun mécanisme de détection automatique des patrons d'incompatibilité n'a été proposé. En effet, les auteurs de ces approches assument que le concepteur des adaptateurs doit identifier le patron d'incompatibilité manuellement tout en comparant les structures des messages XML fournies et requises, avant de décider quelle est l'opération d'adaptation nécessaire. Cette solution d'adaptation se limite pour un environnement d'adaptation et de composition statique où les interfaces de service ne changent pas fréquemment. Cependant, si la définition de l'interface d'un des services change vers une nouvelle définition de l'interface. Ceci implique que les structures de messages des services ont changé. Dans ce cas-là tous les adaptateurs de tous ces clients doivent eux aussi être redéfinis.

Des fois les incompatibilités structurelles déclenchent les incompatibilités comportementales des services, parce que les interfaces comportementales sont liées aux ports structurels qui définissent la concrétisation de ces protocoles au moment d'exécution. Donc les incompatibilités structurelles entre les interfaces fournies et requises se traduisent également par des incompatibilités comportementales entre ces mêmes interfaces.

Par exemple, si on considère l'incompatibilité qui peut exister entre l'interface fournie et celle requise d'un service d'expédition. Dans l'interface source les notifications d'expédition du service client sont envoyées progressivement en raison d'un message de structure simple. Tandis que, l'interface requise du fournisseur nécessite une notification d'expédition unique en raison d'un message complexe agrégé. En outre, la conformité des interfaces comportementales n'est pas vérifiée car l'opération de réception d'une seule notification ne correspond pas à plusieurs opérations d'envoi. Dans ce cas, certaines approches proposent un adaptateur qui reçoit toutes les notifications d'expédition envoyées par le client et les transforme en un seul message avant de l'envoyer vers le fournisseur.

La figure 3.4 illustre un exemple d'un patron d'incompatibilité où l'opération de résolution d'incompatibilité structurelle est liée à plusieurs envois de messages versus une réception de message unique (MOP : Many to One message Pattern) [(76), (77)]. Le service client Magasin envoie deux messages (A,B) distinctivement. L'adaptateur intercepte les messages dans un premier temps, et puis, il transforme les deux messages XML reçus en un seul message. En effet, la structure XML du nouveau message contient deux sous-structures (sous-parties) de message A et B que l'adaptateur envoie à destination du service Entrepôt (1 p. 28).

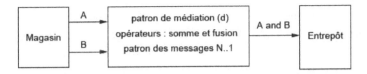

Figure 3.4- Adaptateur: plusieurs envois de messages versus réception unique de message

Dans WebTransact, Pires et coll. (78), importent chaque élément <portType> d'une description WSDL via un service web distant. Ce service web distant fournit le lien entre l'interface décrite par le médiateur et l'interface du service web qui implante la fonctionnalité. Il fournit les informations permettant la transformation des données entre le médiateur et le service web. La transformation est réalisée comme une transformation d'élément à élément en utilisant XPath9.

Dans (79) les auteurs proposent une solution pour résoudre les hétérogénéités d'interfaces dans le cadre de la substitution de services. Ils distinguent les hétérogénéités suivantes :

– méthode manquante (les méthodes additionnelles ne causent pas de problème),

– paramètre d'entrée ou de sortie additionnel ou manquant,

– domaines de valeurs et cardinalités des paramètres de services incompatibles

Ils classifient ces hétérogénéités selon les types suivants : hétérogénéités structurelles, de valeur, d'encodage, et sémantiques. Seules les hétérogénéités structurelles et de valeur, appelées SV-incompatibilités sont résolues dans leur travail.

Dans (80) les auteurs fournissent une approche d'adaptation d'interface qui détecte automatiquement l'inadéquation des données à l'aide de techniques de model-génération. Cette approche fournit une solution pour la détection et la résolution des incompatibilités de données. Cependant, ils n'abordent pas la composition dynamique et la façon dont les services web sont synthétisés sur la base d'une requête donnée d'utilisateur.

Dans notre approche (39) nous avons présenté une approche permettant la composition flexible de services web. Nous avons présenté une architecture impliquant de différents composants qui permettent la réalisation de cette composition flexible (FWSC). L'approche permet de composer et d'adapter les services web dynamiquement tout en préservant leur nature sans-état. L'adaptation des composants est assurée par un ensemble d'opérations de mappage qui peuvent être instanciées à l'exécution selon l'inadéquation existante. Nous avons spécifié formellement l'approche en utilisant le langage Maude comme cadre logique exécutable doté d'un modèle mathématique rigoureux. En effet, la plus part des mécanismes proposés pour l'adaptation structurelle ne résolvent pas la détection automatique des patrons d'incompatibilité sauf (80). Les auteurs de ces approches supposent que le concepteur des adaptateurs doit détecter manuellement le patron d'incompatibilité tout en comparant les structures des messages XML avant d'appliquer les opérations d'adaptation. Au meilleur de nos connaissances, notre approche est la première tentative pour fournir une définition formelle du processus de composition et d'adaptation dynamique des services web et qui tient en compte la nature de boîtes noires des services.

3. Adaptation comportementale

Ce niveau est lié à des contraintes d'ordre que les services imposent sur les séquences d'échange de messages, de nombreux travaux ont été proposés [(81), (82), (83), (58), (76), (84), (85)] dans ce domaine. Dans la figure 3.5 nous illustrons la solution pour l'incompatibilité comportementale en introduisant l'adaptateur entre les deux services *Labo* et *Conf* .

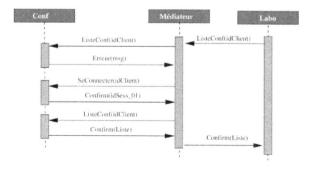

Figure 3.5- Exemple d'une médiation comportementale entre les services : Conférence et Labo

Dans (81), les auteurs proposent une approche de composition et d'adaptation des composants incompatibles dans les systèmes où le nombre de transactions n'est pas connu à l'avance. Leur approche applique la composition au moment de l'exécution par rapport à la spécification de la composition, en utilisant le π-calcul pour spécifier les interfaces du composant. En fait, la composition n'est pas totalement dynamique, puisque le model de composition (le flux de contrôle) est déjà spécifié au moment de conception.

Dans (82), les auteurs spécifient un médiateur avec les automates à états finis qui résout les incompatibilités comportementales au moment d'exécution dues à la suppression des opérations dans les interfaces fournies. Ils ont également proposé un algorithme qui prend en compte de telles incompatibilités. Malgré que la solution aborde la vérification de compatibilité au moment d'exécution, mais les protocoles de services sont déjà spécifiés au moment de conception, ce qui limite la réutilisation des services à un ensemble restreint d'interactions.

Dans (83), les auteurs ont identifié un certain nombre d'incompatibilités possibles entre les services et certaines fonctions fondamentales de mappage qui peuvent être utilisées pour résoudre de simples incompatibilités. Ces fonctions de mappage peuvent être combinées dans un script pour résoudre des incompatibilités complexes. Les Scripts peuvent être exécutés par un médiateur qui reçoit une demande d'opération, il analyse, et il effectue finalement les adaptations nécessaires. La solution proposée aborde principalement les incompatibilités entre les interfaces abstraites et les interfaces concrètes qui sont définies dans le " Binding " (liaison). Ce type d'incompatibilités se produit à cause de l'évolution des interfaces, soit au niveau structurel ou comportemental.

Dans (58), les auteurs proposent une architecture de médiation de processus basée sur le triple « space computing » et présentent des solutions potentielles pour les incompatibilités de séquence de message résolubles. En outre, ils catégorisent ces scénarios d'incompatibilités résolubles en cinq classes. Cette analyse généralise les incompatibilités de séquences de messages résolubles, elle fournit les principes de base pour vérifier la compatibilité du service web à partir de l'aspect comportemental, et elle offre la possibilité d'avoir une solution uniforme pour résoudre ces incompatibilités.

Les auteurs (76) identifient les besoins d'adaptation de service en dressant les incompatibilités entre les services dans le niveau interface et comportemental. Ils proposent une méthodologie pour le développement des adaptateurs basée sur les patrons d'incompatibilités comme un concept fondamental, et qui sont employés pour réconcilier les différences possibles entre les services collaboratifs. Cette approche fournit des modèles d'adaptateurs spécifiés en code BPEL pour chaque scénario d'incompatibilité. En effet, les différentes sortes de modèles d'adaptateurs ont été caractérisées comme solution pour résoudre l'incompatibilité identifiée parmi les services partenaires. Dans leur approche, il n'y a aucune implémentation réelle de la logique d'adaptation, mais la réutilisation de ces modèles d'adaptateur aide les développeurs à synthétiser leurs adaptateurs.

Les auteurs dans (84) présentent de nouvelles techniques et un outil qui fournit un support semi-automatique pour l'identification et la résolution des inadéquations entre les interfaces et les protocoles de services, et pour générer des spécifications d'adaptateur:

• ils identifient les inadéquations entre les interfaces de service, ce qui conduit à la recherche d'inadéquations de type de signature, fusion/division, et messages supplémentaires / manquants.

• ils identifient toutes les différences entre les protocoles de service et génèrent un arbre, appelé arbre d'inadéquation (mismatch tree), pour les inadéquations qui nécessitent une intervention de développeur pour leur résolution. En outre, ils fournissent un support semi-automatique pour analyser l'arbre d'inadéquation afin d'aider à résoudre ces inadéquations.

Dans (85), les auteurs adoptent des modèles de processus OWL-S pour représenter les processus de service web, et présentent une méthodologie pour la découverte de mappages possibles entre les processus de service web ou pour trouver les conflits de processus qui ne peuvent pas être médités automatiquement.

Le tableau (table 3.1) suivant résume les caractéristiques d'incompatibilités structurelle et comportementale.

Les incompatibilités entre les services web	Niveau structurel	Niveau comportemental
La première catégorie	Inadéquation au niveau de signature de message	Inadéquation au niveau d'une réception non spécifiée
La deuxième catégorie	Inadéquation au niveau division/fusion de message	inadéquation d'attente mutuelle
La troisième catégorie	Inadéquation au niveau message additionnel ou manquant	inadéquation d'un choix non local

Table 3.1- Une classification des types d'inadéquations au niveau structurel et comportemental

En fait, l'adaptation du niveau comportemental a reçu une attention extensive par rapport à la dimension structurelle. Cependant, les approches comportementales proposent des solutions seulement pour les services web à base protocole de comportement, où les ensembles possibles d'interactions du service sont déjà définis au moment de conception. Cela limite la réutilisation des services à un ensemble limité d'interactions. En outre, il est difficile d'imaginer comment de telles approches pourraient être utilisées dans un environnement dynamique où les services changent fréquemment sans la vérification de signature de service. Le tableau suivant compare notre approche avec certains travaux existant.

Les caractéristiques principales / Les travaux connexes	La spécification du model de la composition — Moment d'exécution	L'adaptation de service — Interface	L'adaptation de service — Protocole	La verification de compatibilité — Moment d'exécution	Les méthodes formelles	La validation automatique par exécution
(80)	+	+	-	+	-	-
(78)	-	+		+	-	-
(77)	-	+	+	-	+	
(79)	-	+	-	+	-	-
(83)	-	+	+	+	+	-
(81)	-	-	+	+	+	+
(83)	-	+	+	-	-	-
(58)	-	+	+	-	-	-
Notre approche	+	+	-	+	+	+

Table 3.2- Comparaison de notre approche avec les travaux d'adaptation existants

E'n comparant les travaux existants, on peut déduire qu'ils ont fourni une contribution significative dans le domaine d'adaptation des services sans modifier leur code. Cependant, la plupart de ces travaux ne fournissent pas une solution entièrement automatisée pour l'adaptation de service, ni une spécification exécutable qui pourrait être vérifiable en utilisant la notion de prototype du processus d'adaptation.

Au meilleur de nos connaissances, notre travail (39) compte parmi les premières tentatives pour fournir une architecture de composition et d'adaptation dynamique de services web, en adoptant un cadre exécutable formel tout en considérant la nature de boîte noire de service. Nous avons doté le travail avec une spécification formelle exécutable qui permet la simulation et la validation du processus de composition et adaptation dynamique.

V. Conclusion

Dans ce chapitre, nous avons présenté le concept de médiation de services web comme une solution indispensable afin surmonter les hétérogénéités qui surviennent entre les interfaces de services. Tout d'abord, nous avons étudié les types d'hétérogénéités qui peuvent survenir entre deux interfaces de services web. En fait, nous avons présenté le problème d'incompatibilité sur les deux axes de notre recherche : le plan structurel et comportemental. Ensuite, nous avons étudié l'état de l'art de l'adaptation de services web tout en incluant l'adaptation d'interface et du protocole de service. Pour cette fin, nous avons introduit la notion des patrons d'incompatibilité et les solutions proposées pour construire les adaptateurs de service en se basant sur ces patrons. Enfin, nous avons comparé notre travail avec les travaux existants, et nous avons mis en évidence nos principales contributions.

Les approches de réconciliation d'hétérogénéités à base médiateur présentent plusieurs avantages. L'implantation des médiateurs de service dans la composition permet de conserver le découplage existant entre les fonctionnalités offertes par les services et les fonctionnalités de résolution requises par la composition. En outre, ces approches restent indépendantes des langages et des moteurs de composition, et elles s'accordent avec le paradigme orienté service.

Chapitre 4 : Approche de Composition Flexible de Services Web

Chapitre 4 : Approche de Composition Flexible de Services Web

I. Introduction

Nous avons présenté dans le chapitre 2 les différents types de composition statique et dynamique. Nous avons montré que la composition dynamique de services est très prometteuse grâce à ses aspects d'adaptabilité et de flexibilité. En effet ce type de composition permet de créer de nouvelles fonctionnalités en combinant des fonctionnalités existantes pour satisfaire les exigences de l'utilisateur (client). En outre, ce type de composition permet de surmonter les problèmes issus du changement continu de l'environnement : l'évolution des interfaces et des protocoles de services. D'autre part, nous avons mis en évidence les avantages de l'adaptabilité des services dans une composition dans le chapitre 3. Le problème qui se pose est que les approches de l'adaptation existantes résolvent le problème d'hétérogénéité dans un environnement qui s'appuie principalement sur une composition statique où les interfaces de services sont connues à l'avance et ne changent pas fréquemment. Cette supposition n'est pas réaliste dans le cas d'un environnement dynamique où les interfaces de services ont été pré-conçues pour des objectifs généralement différents. Ainsi, les approches existantes résolvent soit la dynamicité de la composition de services, soit l'adaptation des interfaces dans un environnement statique.

Dans ce chapitre, nous allons présenter une approche de composition flexible qui prend en charge l'adaptation des interfaces de services lors de l'exécution (runtime). Nous favorisons la capacité d'adapter, de réutiliser, et de composer les services dans un environnement dynamique. En particulier, l'accent est mis sur la flexibilité de la composition de services ; c.-à-d. la capacité de se reconfigurer quand la situation l'exige sans le besoin de modifier le code des services impliqués dans une telle composition.

II. Intérêt de la flexibilité dans une composition dynamique de service

Les systèmes basés sur le paradigme de l'architecture orientée services (SOA) découple les clients des fournisseurs de services en s'appuyant sur des protocoles et des langages standards. En théorie, ce couplage faible permet aux clients de services de se déplacer librement entre les partenaires internes et externes, et toujours sélectionner le partenaire qui est le plus approprié à un moment donné. Cependant, dans la pratique, cette souplesse est limitée du fait que les clients comptent sur des interfaces de service spécifiques pour leur invocation. Par conséquent, les services doivent adhérer à des contrats WSDL identiques afin d'être interchangeables à l'exécution. L'hypothèse de la compatibilité de l'interface n'est pas réaliste si les services sont fournis par des différents fournisseurs.

L'intérêt d'une composition flexible peut se résumer dans les points suivants :

- Les services web sont développés indépendamment les uns des autres, par différents fournisseurs et dans différentes parties du monde. La composition de services non préconçus pour être composés nécessite la disposition d'un moyen d'adaptation des interfaces de services pour pallier aux éventuelles incompatibilités entre eux.

- Le nombre croissant des services web rend les tâches de recherche et de sélection des services très laborieuses. En disposant d'un moyen d'adaptation, les besoins des clients peuvent être plus facile à satisfaire (parfois il suffit d'adapter les premiers services sélectionnés)

- Les services sont créés et mis à jour de façon hautement dynamique. Deux services compatibles à un instant peuvent ne plus l'être à l'instant suivant. La flexibilité de leur interface permettra de préserver cette compatibilité quand ceci est nécessaire.

Ainsi, la flexibilité de la composition des services web permet de disposer d'un mécanisme qui peut assurer le bon fonctionnement dans une composition. Ce mécanisme est bel et bien l'adaptation des services web.

Les incompatibilités entre services web peuvent apparaître à quatre niveaux :

1. Le niveau *signature* comprend les hétérogénéités entre les interfaces des services web, en incluant les opérations fournies ainsi que leurs paramètres d'entrée/sortie.

2. Le niveau *protocole* concerne la façon et l'ordre dans lesquels sont effectués les échanges de messages entre services web.

3. Le niveau *sémantique* est lié aux problèmes d'interprétation des données lors des interactions entre différents services et/ou avec le client.

4. Le niveau *qualité* concerne l'adaptation aux exigences des services web en termes de qualité de service.

Nous nous intéressons dans ce chapitre aux hétérogénéités qui surgissent au niveau d'interface de service. Ceci est justifié par le fait que la composition dans un environnement dynamique n'utilise que les informations fournies dans les interfaces WSDL en raison de la nature *boîte noire* des services web.

1. Exemple motivant

Dans cette section nous présentons un exemple présentant des cas d'hétérogénéités dans une composition de services web. Supposons que la requête d'un client consiste à obtenir des informations métrologiques à partir d'une adresse IP. Nous supposons que les services web existants ne satisfont pas la tâche requise, tandis que la composition des services web : *ResolveIp* et *GetWeather* peut satisfaire la requête. Le premier service web a pour fonction de fournir l'emplacement qui correspond à une adresse IP donnée. Tandis que le second donne l'information météorologique pour chaque emplacement donné.

Les entrées et les sorties des deux services web sont illustrées dans la Table 4 .1.

Web services	*inputs*	outputs
ResolveIp	*Ip*:String *License* :String	*ResolveIPResult* <*IP*:string *City*:String *StateProvince* :String *Country*:String *Latitude*:string *Longitude*:String *CountryCode*:String *Region* name:string>
GetWeather	*City*:String Country : String	GetWeatherResult : String

Table 4.1- Entrées et sorties des services *ResolveIp* et *GetWeather*

La table ci-dessus montre les interfaces des services impliqués dans la composition. L'incompatibilité dans l'exemple courant apparait entre les interfaces fournies et requises des services impliqués dans le processus. L'incompatibilité existante est facilement mise en évidence par le plugin JOpera (86) dans la plateforme Eclipse. Comme la montre la Figure 4.1, le processus *Weatherfromip* ne peut pas fournir la valeur de l'information météorologique (étape 5) en raison de l'incompatibilité qui survient à l'étape 4. Dans ce qui suit, nous présentons les étapes principales dans le processus de composition *Weatherfromip* :

64

(0) Le processus de composition des deux services Web: *Resolveip* et *GetWeather*.

(1) Les paramètres d'entrée sont les suivants: *Ip* et la *licence*.

(2) Le passage des paramètres à l'opération *resolveIp*.

(3) La sortie (output) de *resolveIp* est un type complexe (voir Table 4.1).

(4) Incompatibilité: l'output de *resolveIp* ne satisfait pas l'input de GetWeather.

(5) Aucune valeur retournée, parce que l'opération GetWeather ne peut pas produire la sortie en raison d'hétérogénéité.

La figure 4.1 montre les différentes étapes discutées ci-dessus.

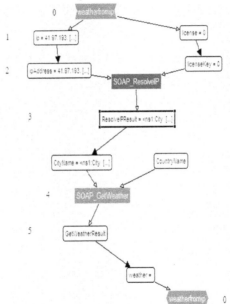

Figure 4.1- Scénario Incompatibilité dans la composition de ResolveIp et GetWeather

Comme le montre le scenario dans la figure 4.1, l'incompatibilité empêche le processus de la composition d'atteindre son état final, et ainsi il ne pourrait pas satisfaire la requête de l'utilisateur. Il serait donc bénéfique d'avoir un mécanisme de réconciliation qui permet aux services hétérogènes d'interagir sans avoir le besoin de changer le code des services.

2. Principaux avantages de la composition dynamique et adaptative de service web

La composition dynamique permet de créer le processus de composition au moment de l'exécution. En effet, elle permet de créer de manière autonome des services complexes en combinant les services existants à la volée en se basant sur la requête de l'utilisateur et du contexte de la composition. Précisément, les approches de composition dynamique permettent de produire et de concrétiser le schéma de composition abstrait à l'exécution par la liaison aux services concrets. Donc, la composition dynamique de services web est très prometteuse, car elle permet à l'utilisateur de sélectionner, durant l'exécution les services web existants pour fournir un nombre illimité de nouveaux services. Cette caractéristique dynamique de la composition de service Web offre une flexibilité et adaptabilité aux applications. Par exemple, une application construite au-dessus d'un système de composition dynamique de services est capable de changer son interface utilisateur dynamiquement en fonction de préférence de l'utilisateur (par exemple, le menu anglais / japonais, boutons coloré / simples, etc ...), En outre, une nouvelle application peut complètement s'émerger en combinant plusieurs composants destinés à des buts totalement différents.

Puisque le but de notre étude est d'automatiser la composition de services web, alors l'exigence principale est que la génération du schéma de composition doit être au moins partiellement (sinon totalement) automatisé. Le but principal derrière la conception d'une approche automatisée pour gérer la composition de services web est de minimiser l'intervention de l'utilisateur et d'accélérer le processus de production d'un service composite qui satisfait les besoins prédéfinis des utilisateurs.

L'automatisation permet de :

- Réduire le temps consacré, dans le but de créer un schéma de composition par rapport au temps nécessaire dans une approche de composition manuelle
- Eliminer les erreurs humaines
- Résoudre le problème d'évolution des protocoles métiers,
- Aider à réduire le coût global du processus.

Par conséquent, une bonne approche pour la composition de service web est celle qui fournit le niveau le plus élevé possible d'automatisation (30). En effet, l'automatisation des processus métier dans une composition dynamique ne nécessite pas des connaissances préalables du flux de travail (workflow) qui permet la définition, l'exécution et le suivi des processus des multiples applications de l'entreprise.

Pour remédier au problème d'incompatibilité, il devrait y avoir un mécanisme d'adaptation qui sert à réconcilier les interfaces hétérogènes dans une composition de service. Le rôle de l'adaptateur est d'intercepter les messages hétérogènes, les transformer selon l'interface requise, et de transmettre les messages adaptés aux services partenaires. La mise en œuvre des adaptateurs peut être écrite en XSLT (73) ou Java. Dans la plus part des approches existantes d'adaptation, les adaptateurs sont construits de manière semi-automatique en se basant sur des patrons d'incompatibilité identifiés qui servent à utiliser les opérations d'adaptations correspondantes. En effet, les auteurs de ces approches (76), (77) supposent que le concepteur des adaptateurs doit identifier le patron d'incompatibilité manuellement tout en comparant les structures des messages XML fournis et requis, avant de décider quelle est l'opération d'adaptation nécessaire. Ce type d'adaptation se limite pour un environnement qui s'appuie sur la composition statique de service où les interfaces des services ne changent pas fréquemment. Dans le chapitre courant, nous visons à développer une solution pour la composition et l'adaptation dynamique de service et qui permet d'augmenter la flexibilité des interfaces de services lors de l'exécution.

L'identification des opérations d'adaptation nécessaires se fait automatiquement en comparant les structures des messages XML fournis et requis dans le plan de composition généré. Cette comparaison permet de décider quelle est l'opération d'adaptation nécessaire. L'adaptateur dans un tel cas est mis en œuvre par l'assemblage d'un ensemble d'opérations de mappage dans un service Web réconciliateur afin d'être exécuté (moteur d'adaptation). Le fait de pouvoir se reconfigurer au moment d'exécution sans la nécessité de stopper l'exécution du service, et sans modifier son code source rajoute de la flexibilité aux interfaces des services et assure le bon fonctionnement de ces derniers.

III.   Présentation d'une architecture pour la composition flexible de service

La possibilité de sélectionner et d'intégrer les services hétérogènes sur le Web durant l'exécution est une étape importante dans le développement de services web composites. Par conséquent, afin de permettre la flexibilité de l'intégration de telles applications de services, il est nécessaire que les services se reconfigurent au moment d'exécution lorsque la situation l'exige.

Dans la Figure 4.2, nous proposons l'architecture FWSCA(Flexible Web Service Composition and Adaptation Architecture) dont les principaux composants sont: un *générateur de plan de composition*, le *moteur des directives d'adaptation*, et le *moteur d'exécution*.

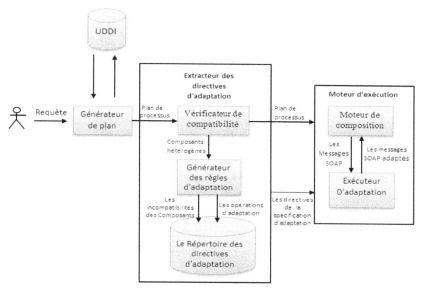

Figure 4.2- Architecture de la composition flexible de services (FWSCA)

a. Générateur de plan

Dans une première phase, l'utilisateur doit spécifier les entrées et les sorties requises par le service composite. Ensuite, un processus de composition (le plan) est automatiquement généré par le générateur de plan sans la connaissance prédéfini du workflow. Le générateur de plan établit un plan de processus pour une demande donnée de client. Il reçoit la requête de l'utilisateur (client) sous la forme $R = (R_{in}, R_{out})$, dans laquelle R_{in}, R_{out} représentent respectivement l'entrée fournie et la sortie requise du service composite. En effet, la génération du plan de composition est faite par une méthode de planification orientée but. La planification classique implique parfois la décomposition d'un objectif en sous-objectifs et de générer un plan distinct pour chaque sous-objectif. Le générateur de processus dans notre architecture identifie une façon spécifique dans laquelle les services existants peuvent être connectés (la sortie d'un service est fournie comme une entrée à un autre) de telle sorte que le comportement souhaité du service désiré peut être réalisée. Chaque service web est considéré comme une action qui modifie l'état du monde en raison de son exécution. Donc, le générateur de processus doit aboutir à un chainage qui permet d'atteindre l'état final voulu exprimé dans la requête sous la forme de R_{out}. Ensuite, il génère un plan de processus décrivant le flux de contrôle et le flux de données entre les services (dépendances des données). Lorsque le plan de processus est généré, il est envoyé au moteur de directives d'adaptation.

b. Extracteur de directives d'adaptation

Afin d'exécuter les opérations d'adaptation nécessaires à un processus de composition hétérogène donné, il est nécessaire d'avoir un moteur d'adaptation qui permet de révéler l'ensemble des opérations d'adaptation requises à chaque étape. En effet, l'extracteur de directives d'adaptation permet de révéler l'ensemble d'opérations de mappage et les incompatibilités des composants d'un plan de processus donné. Précisément, il utilise un ensemble de sous-éléments tels que : le *vérificateur de compatibilité*, le *générateur de règles d'adaptation*, et le *répertoire des directives d'adaptation*. Ces tâches peuvent être utilisées d'une façon itérative en fonction de la compatibilité des services. En effet, elles permettent de révéler les incompatibilités existantes, aussi bien que leurs opérations d'adaptation correspondantes.

- **Vérificateur de compatibilité**

Le vérificateur de compatibilité permet de vérifier si deux services Web sont compatibles ou non. La compatibilité est vérifiée lorsque la sortie d'un service précédent est conforme à l'entrée du prochain service. Le générateur de compatibilité doit comparer les structures de messages XML fournies et requises de chaque service avant de décider si les services sont compatibles ou non. Lorsque la compatibilité est vérifiée, le plan de processus est exécuté par le moteur d'exécution. Sinon, les incompatibilités entre les composants peuvent être résolubles ou non.

Les incompatibilités non résolubles sont hors de l'objectif de la thèse. Tandis que les incompatibilités résolubles qui sont pertinentes à la compatibilité partielle requièrent une transformation de structure des messages. La transformation de ces messages est assurée par un ensemble d'opérations d'adaptation afin d'effectuer l'adaptation nécessaire. Finalement, le vérificateur de compatibilité envoie les incompatibilités existantes des composants au générateur de règles d'adaptation afin de générer les opérations d'adaptation nécessaires.

- **Générateur de règles d'adaptation**

Le générateur de règles d'adaptation permet de générer les opérations d'adaptation nécessaires pour effectuer les transformations des interfaces, ainsi que les hétérogénéités existantes entre ces derniers. En effet, le générateur de règles d'adaptation prend en entrée les composants hétérogènes, et génère les opérations d'adaptation correspondantes pour effectuer la transformation des interfaces fournies aux interfaces requises. Le générateur de règles d'adaptation compare l'ensemble des interfaces hétérogènes (l'interface fournie vs l'interface requise) et dérive les opérations de mappage nécessaires selon un ensemble de patterns d'incompatibilité des interfaces. Cette comparaison implique la vérification des structures XML dans les interfaces WSDL des services impliqués dans le processus de composition. Le générateur de règle d'adaptation utilise un certain nombre de paternes d'incompatibilités pour attribuer à chaque type d'incompatibilités une opération d'adaptation correspondante. Lorsque les règles d'adaptation nécessaires sont définies, le générateur de règles d'adaptation envoie les incompatibilités des composants et les opérations d'adaptation au tant que directives d'adaptation au Répertoire des directives d'adaptation.

- **Repertoire des directives d'adaptation**

Après la phase de génération des directives d'adaptation, un répertoire est consacré pour stocker ces directives dans le but de les utiliser ultérieurement. En effet, le répertoire des directives d'adaptation reçoit ces directives (les incompatibilités des composants et les opérations d'adaptation correspondantes) et il les stocke temporairement avant de les envoyer à l'exécuteur d'adaptation.

c. **Moteur d'exécution**

Le rôle du moteur d'exécution est d'exécuter le plan de processus tout en adaptant les interfaces hétérogènes des services impliqués dans la composition. Il utilise principalement le plan de processus et la spécification des directives d'adaptation pour exécuter le service composite. Le moteur d'exécution est constitué de deux composantes : *le moteur de composition* et le *moteur d'adaptation*.

Le moteur d'exécution exécute le plan de processus en tant que séquence de transmission de messages de telle sorte que chaque sortie d'un service précédent exécuté est consommée par l'entrée du prochain service suivant. En fait, l'exécution pourrait être faite par un moteur d'orchestration (BPEL) qui permet d'exécuter le plan de composition et générer le processus exécutable de la composition tout en faisant la liaison avec les services concrets en utilisant les messages SOAP échangés entre ces services.

Le moteur d'adaptation effectue le mappage nécessaire des interfaces incompatibles tout en utilisant les directives d'adaptation provenant du répertoire des directives. Il intercepte les messages SOAP d'un service concerné par l'incompatibilité, il les transforme selon la spécification des directives, puis il les transmet afin d'être consommés par le service partenaire.

A la fin de l'exécution du service composite, la sortie du service est délivrée au client, et ainsi la demande de l'utilisateur pourrait être satisfaite.

IV. Composition adaptative de service web

La composition des services web hétérogènes est un aspect clé de l'utilisation et l'applicabilité des services web dans des différents domaines. En effet, les interactions entre les services web impliquent l'échange de messages entre ces derniers. Un message est constitué d'un ou plusieurs paramètres typés. Dans un processus de composition donné, il est nécessaire d'établir une vérification de compatibilité entre les interfaces de services existants. En particulier, il est nécessaire de vérifier si l'interface fournie d'un service précédent peut satisfaire celle requise par son partenaire. Cela soulève la nécessité d'établir des conditions préalables des entrées d'opérations et des post-conditions de leurs sorties. A cette fin, l'interface de service est spécifiée comme une étape initiale afin de modéliser la composition de service, établir la vérification de compatibilité, et achever l'adaptation entre les différents partenaires du service. On définit l'interface de service comme suit:

$$I = (LO, input, output)$$

où

LO : l'ensemble des opérations de services

Input/output : sont respectivement les entrées et les sorties du service.

Dans le but de générer un processus de composition qui reflète les besoins d'un environnement dynamique, il est nécessaire de composer les services web automatiquement en se basant sur de la demande de l'utilisateur. En fait, notre approche de composition est basée sur l'interface de service pour construire le processus globale de composition. L'approche considère les services comme des boîtes noires, car les services sont seulement consultés via leur signature. Cela implique que la composition de service s'appuie sur une mise de correspondance automatique des entrées / sorties des opérations de service (c.-à-d les mise de correspondance entre les interfaces) lors de la synthèse de composition. On munit la composition avec un moteur d'adaptation qui assure la flexibilité des interfaces lors de l'exécution. Ceci est défini selon l'architecture FWSC présentée dans la figure 4.2. Dans ce qui suit nous allons détailler les étapes de l'approche.

Dans la composition de service Web dynamique, le problème le plus important est de savoir comment trouver un service Web approprié et de l'insérer dans un modèle de composition adéquat. L'architecture SOA des services Web permet aux fournisseurs de service publier leur description de service dans les registres de services Web publics. Donc, afin de satisfaire la demande de l'utilisateur, un générateur de processus reçoit la requête de l'utilisateur dans un format compréhensible (XML message). Spécifiquement, il s'appuie sur la description syntaxique des services pour générer le chainage nécessaire afin d'atteindre le but de la requête voulu. Ce chainage permet d'aboutir à une séquence de services Web où les entrées d'un service peuvent dépendre du résultat retourné par le service précédent. A chaque point de la sélection du service Web suivant, l'avenir est uniquement déterminé sur la base des propriétés exprimées dans la requête du client. Par conséquent, le client ne peut rien faire pendant le calcul ou l'exécution du service composite. Ainsi, un ensemble de services Web ordonnés $(Ws_1 \ldots \ldots ..Ws_n)$ sont sélectionnés pour effectuer la composition de service. L'exécution du plan est effectuée selon le modèle de composition (le control de flux) généré pour satisfaire la fonctionnalité requise.

Une fois que le plan est produit, la compatibilité entre les services pourrait être vérifiée. En particulier, si l'interface fournie par un service précèdent (ou des services) satisfait celle requise par son partenaire (leurs partenaires) dans le plan, les services seront composés. Sinon, la résolvabilité de l'incompatibilité sera examinée. Ainsi, deux cas peuvent se présenter:

- **Incompatibilités non résolvables:**

Dans ce cas, les incompatibilités ne peuvent pas être traitées automatiquement ; c.à.d. la logique de médiation générant un message significatif ne peut être établie. Par exemple, le fournisseur prévoit un message qui n'est pas envoyé par le demandeur. Donc, le fournisseur de service ne peut pas atteindre le prochain état de la composition, ce qui interrompe son exécution. Par conséquent, il y aurait une autre solution qui est la sélection d'un autre service Web qui pourrait être composé avec le service actuel (la substitution de service).

- **Les incompatibilités résolvables :**

Ces incompatibilités se réfèrent à la situation quand deux (ou plusieurs) services Web fournissent des fonctionnalités complémentaires et pourraient être reliés entre eux ; par contre, leurs interfaces ne correspondent pas exactement. Ce type d'incompatibilité est aussi connaît sous le nom de la compatibilité partielle. Dans cette situation, il est nécessaire de compenser les différences entre les services tout en adaptant l'un des services à l'autre.

Dans notre approche, nous adaptons l'interface fournie à celle requise grâce à un processus itératif. Les incompatibilités des interfaces sont classées en fonction de certains patterns récurrents. Ces incompatibilités paternelles sont considérées comme des incohérences communes et qui semblent apparaître au cours des interactions de composition. Nous présentons pour chaque paterne d'incompatibilité une opération d'adaptation correspondante. Le processus d'adaptation appelle récursivement les opérations d'adaptation pour réaliser la compatibilité entre les services.

La figure 4.3 montre quatre scénarios d'incompatibilités atomiques résolubles. Les opérations d'adaptation correspondantes peuvent être appliquées de manière récursive pour faire face aux incompatibilités complexes.

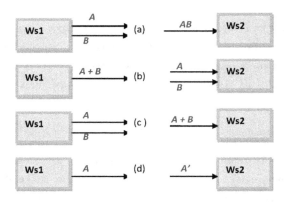

Figure 4.3- Les scénarios d'incompatibilité entre les interfaces des services web

Afin de permettre l'appariement entre les interfaces fournies et les interfaces requises dans une composition, il est nécessaire de compenser les différences qui peuvent exister entre ces interfaces. A cette fin, nous introduisons quatre opérations de transformation d'interfaces pour traiter ces inadéquations atomiques dans le processus d'adaptation. Ces opérations sont présentées selon les inadéquations paternelles (dissimulation, division, fusion) qui peuvent survenir entre les interfaces de service. L'opération *ResvType* a été rajoutée afin de transformer le type fournie au type requis lorsque l'incompatibilité se déclenche entre les messages relatifs.

- **Hide**: est utilisée quand un message de l'interface source n'est pas requis dans l'interface cible, l'opération *Hide* cache le message supplémentaire en conséquence.

- **Split**: est utilisée quand un seul message de l'interface source doit être divisé en un flux de messages.

- **Merge**: fonctionne dans le sens inverse de l'opération *Split,* et elle est utilisée quand un flux de messages dans l'interface source est agrégé en un seul message.

- **ResvType**: est utilisé lorsque le type du message fourni dans l'interface source n'est pas compatible avec celui requis dans l'interface cible.

Dans un premier temps, nous avons implémenté l'idée de l'approche dans l'algorithme *compAdap.* Dans ce qui suit, nous présentons l'algorithme de notre composition et d'adaptation dynamique de services Web. En effet, l'algorithme met en application l'idée de composition flexible présentée précédemment, et cela tout en se basant sur l'interface des services impliqués dans le processus de la composition.

1. Algorithme

```
Begin  : (input = user_request )
Declaration
1  Boolean  compatibility = false ;
2 Boolean  resolvability = false ;
3 Int i = 0,
4 Int  j = 0.
5 L ⊆ output_wsi.
6 L' ⊆ input_wsi.
7 Webservicelist  wsl ={ } ;
8 Main() {
9    wsl= search_for_adequateservcies(user_request);
10  If ( wsl.length == 1) then // no need for composition  //
11        Invoke(wsl(1));
12 If( wsl.length >=2) then // ws1 and ws2 are the found services//
13   For (I = 2 to N) do
```

```
14        {
15        compatibility = Checking_ Compatibility (comp(I-1),ws(i)) ;
16     if (compatibility == false) then
17     resolvability = check_resolvability(comp(I-1),ws(I));
18      if (resolvability == false ) then
19      select_another_webservice_for (comp(I-1));
20      else
21          while (compatibility == false ) do   {
22             Resolve_mismatch( comp(I-1),ws(I)) ;
23          compatibility =Compatibility_checking(comp(I-1),ws(I)) ;
24          }
25       Comp(i) = compose_Services(comp(I-1),ws(I));
26          }
27      }
28   Check_Compatibility (service  A, service B) {
29             If (output_A .satisfy( input_B))   &
30             (SO_A) . its related _Operation(SO_B) )
31            then     compatibility = true ; }
32   Resolve_mismatch() {
33       For (i = 1, i++,i < length(output_A)
34          For each subset in intput_B do {
35          If msg(i) = L'(j) then
//j est un pointeur des sous-lists de input_B, la cardinalité de la liste L'est supérieur à 1//
37             Add(output_A, split( msg(i))) ; }
38          For each subset in  output_A do
39             For (j=1, j++, j <    length (intput_B )) {
40             If msg'(j) = L(i) then
41             Add(merge(L(i),  output_A)
42          If (output_A.hasAdditionalPar( intput_B) = true ) then
43   // hasAdditionalPar: has additional    parameter//
44          hide (output_A, index) ;
             // index est l'indice est utilisé pour spécifier le paramètre à cacher //
45       For (i = 1, i++,i < length(output_A)
46          For(j =1, j++, j< length(input_B)
47          If (sameinstance(msg (i), msg'(j)) and  (NotTypeCompatible(
msg(i).type, msg'(j).type)) then
49          Add(output_A, resvType( msg(i), msg'(j))) } }
End.
```

Au début l'algorithme traite la demande de l'utilisateur. Il sélectionne des services susceptibles de satisfaire cette requête (line 9). Si la demande peut être satisfaite par un seul service, ce service est invoqué immédiatement afin de répondre à la demande de l'utilisateur (line 10-11). Dans le cas contraire, les services sélectionnés doivent être réorganisés dans un plan de processus. Une fois que le plan de composition est généré et stocké dans la liste *wsl*, l'algorithme procède à la vérification de la compatibilité entre les services (line 15). Si les services sont compatibles le processus exécutable de la composition sera généré et les services concrets seront invoqués dans un processus métier respectant le plan généré (line 25). Si les services ne sont pas compatibles, donc deux cas peuvent se présenter : l'incompatibilité résoluble et non résoluble (line17). Dans le cas d'une incompatibilité non résoluble, un autre service doit être sélectionné avec le service courant (line 19). Dans le cas d'une incompatibilité résoluble, la fonction de la résolution de la compatibilité est invoquée itérativement jusqu'à l'atteinte de compatibilité (line 21.. line 24). Cette fonction utilise les opérations d'adaptation présentées dans la section précédente afin de faire face aux incompatibilités existantes qui entravent la composition cohérente de services. Une fois la compatibilité atteinte, le service composite exécutable est invoqué et le résultat sera délivré au client (line 25).

2. CompAdapt : outil pour la composition adaptative et dynamique de service

Nous avons implémenté l'algorithme de la composition et l'adaptation dynamique précèdent dans l'outil *compAdapt* qui prend en entrée une requête de l'utilisateur et fournit le plan de composition correspondant. L'outil reçoit en entrée la requête sous la forme R = (R_{in}, R_{out}) (voir la figure 4.4). Il effectue la recherche dynamique des services web adéquats dans le but de générer un plan d'exécution satisfaisant le but métier. Spécifiquement, il identifie le plan de composition de telle sorte que chaque sortie d'un service (ou plusieurs services) doit satisfaire l'entrée de son (ses) prochain (s). Les descriptions des services sont stockées dans une base de données qui représente le rôle d'un registre de description de services. Nous avons implémenté l'opération de recherche nécessaire pour sélectionner à l'exécution les services adéquats pour la composition de services. L'opération de sélection (*select_adequate_services(user_request)*) effectue au même temps la réorganisation des services dans une séquence (plan) qui permet de satisfaire le but métier désiré. Après cette génération de plan de composition, un test de conformité sera établi pour garantir la compatibilité entre les services impliqué dans la composition. Dans les cas des incompatibilités, nous avons implémenté l'opération *ResvType* qui effectue le mappage nécessaire entre les types de messages fournies et requis. Les autres opérations (*Split, Merge, Hide*) peuvent être mises en œuvre facilement, sauf qu'il faut rajouter plusieurs emplacement aux entrées/sorties dans la base de donnée de sauvegarde, ou dans un tampon si nécessaire. Ceci est fait par le calcul des cardinalités des messages échangés. Après adaptation si nécessaires, le plan de composition généré doit satisfaire le but métier spécifié par l'utilisateur.

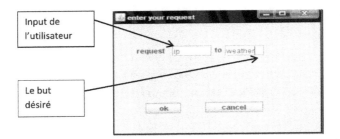

Figure 4.4- interface de l'utilisateur de compAdapt

L'outil **ComAdapt** utilise une base de données pour stocker les descriptions de services Web (comme un registre UDDI). Finalement, il récupère la description du modèle de composition souhaité par l'opération *select_adequate_services* pour effectuer la composition. La description des services dans la base de données est indiquée dans la table 4.2.

webservice	input	typeIn	nameOP	output	typeOut
comp(ws1,ws2	ip	String	getgeoip,getWeath	weather	String
ws1	ip	String	getgeoip	city	String
ws2	city	String	getWeather	weather	String
ws3	city	String	GetSupplierByCity	zip	String
ws4	ZipCode	int	GetWeatherReport	Weather	String
ws5	city	String	CityToLatLong	zip	String

Table 4.2- La base de données utilisé par compAdapt

Figure 4.5- Le résultat de la composition

La figure 4.5 montre le plan de composition réalisé par l'outil *compAdapt* et qui satisfait le but spécifié dans la requête au début. Les inputs et les outputs spécifiés dans la figure 4.5 montre les entreés et les sorties du service composite généré.

Le processus abstrait généré (plan) par l'outil **compAdapt** pourrait être exécuté avec une liaison des services abstraits avec leur implantation. Cette liaison est concrétisée en utilisant un moteur de composition tel que BPEL4WS (21) , ou par un moteur de composition comme JOpera sous la plateforme Eclipse. La figure 4.6 montre le processus exécutable de la composition généré dans la phase précédente et qui est implémentée dans la plateforme JOpera (86) .

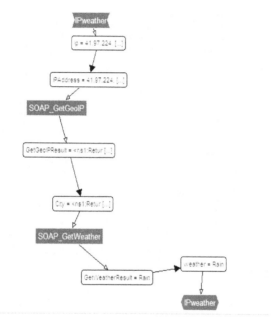

Figure 4.6- - Composition de services Web à l'aide de JOpera l'aide de JOpera

V. Conclusion

Dans ce chapitre, nous avons présenté notre approche de composition et d'adaptation automatique des services web. Nous avons présenté une architecture associant de différents composants qui permettent l'assurance d'une telle composition. L'approche permet de composer et d'adapter les services web dynamiquement tout en préservant leur nature sans-état. Le plan de composition est automatiquement établi par le générateur de processus sans une connaissance prédéfini du flux de contrôle. Spécifiquement, ce plan est obtenu par une méthode orientée but. L'adaptation est assurée par un ensemble d'opérations de mappage qui effectuent l'adaptation nécessaire des interfaces des services. Pour cela nous avons présenté un algorithme qui réalise les différentes étapes de sélection, de la composition et de l'adaptation. L'algorithme a été implémenté en Java afin d'illustrer et de montrer l'efficacité de notre approche.

En effet, dans ce chapitre nous avons montré que notre approche est réalisable sur le plan pratique. Cependant, il est nécessaire de la doter avec un cadre formel pour permettre d'une part la vérification formelle de cette approche de composition et d'autre part pour favoriser l'évolution et l'amélioration de l'approche dans le futur.

Le processus de la composition flexible de service web (FWSC) nécessite une sémantique formelle bien défins, et il ne supporte pas l'analyse formelle. En conséquence, la validation de la composition de service web dynamique reste une tâche complexe. La spécification formelle de la FWSC peut être traitée en utilisant les méthodes formelles telles que la logique de réécriture, les réseaux de Petri, et l'algèbre de processus.

Chapitre 5 : Spécification Formelle de la composition flexible de services

Chapitre 5 : Spécification Formelle de la composition flexible de services

I. Introduction

En théorie, l'architecture SOA est basée sur l'idée d'augmenter la souplesse dans le choix des partenaires internes et externes, et toujours sélectionner le partenaire qui est le plus approprié à un moment donné à l'aide des services faiblement couplés. Cependant, lorsque les services web dans une composition sont développés par des différents groupes ou vendeurs, ils échouent souvent lors de l'invocation d'autres services en raison d'inadéquation qui survient entre leur interfaces.

Dans le chapitre précèdent, nous avons présenté une approche de composition flexible (FWSC) qui permet aux services de se reconfigurer quand la situation l'exige. Cependant, le processus de la composition flexible de service web manque d'une sémantique formelle bien définie et il ne supporte pas l'analyse formelle. Ainsi, la validation et la vérification formelle d'une telle solution ne cesse d'être remise en question. La spécification formelle de la FWSC peut être réalisée en utilisant les méthodes formelles telles que la logique de réécriture, les réseaux de Pétri, et l'algèbre de processus... etc.

II. Intérêt de la spécification formelle

Dans les systèmes distribués, la vérification des aspects fonctionnels devient de plus en plus complexe notamment avec l'aspect de la concurrence qui joue un rôle crucial dans le développement de tels systèmes. En effet, des erreurs peuvent survenir dans le développement des logiciels classiques. Des techniques pour la prévention précoce des erreurs ont été largement encouragées puisque les développeurs de logiciels sont obligés d'obtenir des logiciels exécutables rapidement dans des délais étroits.

En effet, les méthodes formelles dans le développement des logiciels ont été promues comme une approche pouvant garantir l'absence de certaines catégories d'erreurs. En spécifiant le comportement des logiciels formellement, des démonstrations rigoureuses de ses propriétés peuvent être développées.

La vérification de la correction de ces systèmes est largement souhaitée pour palier aux insuffisances des techniques de tests traditionnelles. Il est affirmé que les méthodes formelles permettent le développement de logiciels complexes sur une base mathématique rigoureuse. Ce qui permet d'obtenir des logiciels corrects de meilleure qualité.

Les principaux avantages des spécifications formelles se résument dans les points suivants :

- Elles complètent d'autres méthodes d'analyse et de conception
- Elles permettent de déceler les bogues dans le code et les spécifications
- Elles réduisent le temps de développement et de test
- Elles peuvent assurer certaines propriétés du modèle de système
- Elles permettent de raisonner sur le comportement du système à un niveau très élevé d'abstraction
- Elles peuvent pousser les limites de la complexité possible des systèmes

III.   Etat de l'art

Effectivement, les méthodes formelles permettent de raisonner rigoureusement sur les programmes informatiques, dans le but de démontrer leur correction, en se basant sur des raisonnements de logique mathématique. Dans cette section, nous discutons d'abord les différents formalismes utilisés pour modéliser les services web. Particulièrement, les approches discutant la composition et l'adaptation des services.

1. Les automates ou les systèmes de transitions étiquetées

Les automates sont un modèle bien connu qui permet la spécification formelle du comportement des systèmes. La façon intuitive dans laquelle les automates peuvent modéliser le comportement du système a conduit à plusieurs modèles de spécification basée automates, comme les variantes d'E/S d'automates (87), automates temporisés (88), et les automates d'équipe (89). Leur sémantique formelle fournit un support pour les outils automatiques. Les modèles basés sur les automates sont de plus en plus utilisés pour décrire et vérifier formellement la composition de services, ainsi que leur adaptation. Ci-dessous, nous présentons quelques exemples d'approches.

Dans (90), (91), les auteurs présentent un cadre pour analyser et vérifier les propriétés des compositions des processus BPEL qui communiquent par des messages XML asynchrones. Ce cadre permet de traduire d'abord les processus BPEL en un type particulier d'automate dont chaque transition est équipée avec une garde sous la forme d'une expression

XPath (71), puis ces automates avec des gardes sont convertis en Promela, qui est un langage d'entrée du modèle checker SPIN (92).

Dans (93) les auteurs proposent une approche basée sur un médiateur, qui vise à résoudre les incompatibilités de façon transparente lors des interactions de services. Ils ont adopté un outil formel qui est les automates à états finis; en particulier les systèmes de transitions étiquetées ; pour modéliser les aspects comportementaux des services Web.

Dans (94) les auteurs ont proposé une approche pour l'adaptation de service qui génère automatiquement des adaptateurs de comportement non-réguliers seulement avec les spécifications des interfaces comportementales de services. Les disparités de protocoles de services sont analysées en supposant que les disparités de signature de service sont déjà résolues. Cette approche prend en compte un nombre illimité de messages pour un protocole de service. Les services web sont représentés sous forme d'automates d'interface pour les services web (IA4WS) qui est un modèle modifié d'automates d'interface.

Certainement, les modèles basés-automates sont de plus en plus utilisés pour décrire formellement, composer, et vérifier les compositions de services. L'avantage d'utiliser les automates à états c'est qu'ils permettent la production facile de séquences d'événements dans la modélisation des systèmes. En particulier, ils permettent de modéliser le comportement des conversations de service afin synthétiser la composition, ainsi que le comportement de service composite.

Cependant, les automates à états finis ont certains inconvénients, parmi lesquels :

- La nature prévisible déterministe des automates peut être indésirable ; en particulier dans la modélisation préalable du comportement du système. Puisque le comportement des services web dans la pratique n'est pas accessible à cause de la nature de boîte noire des services Web.
- Les comportements complexes des systèmes qui sont mis en œuvre en utilisant les automates peuvent être difficiles à gérer et à maintenir sans une conception bien étudiée. Parfois, c'est difficile de suivre la ligne de l'exécution des actions entreprises.
- Les conditions de transitions d'état dans la modélisation du comportement de service sont striées, ce qui signifie qu'ils sont fixés a priori.

2. Les réseaux de Petri

Les réseaux de Petri sont un modèle mathématique qui sert à modéliser des systèmes concurrents. Principalement, les réseaux de Petri servent à modéliser le comportement de systèmes dynamiques à évènements discrets. Beaucoup de travaux ont été proposés pour la modélisation des services web en utilisant les réseaux de Petri. Cette modélisation permet de vérifier certaines propriétés pertinentes à la composition de services, la vérification de compatibilité, et l'adaptation.

Le travail dans (95) se concentre sur la composition automatique de services et les méthodes de vérification formelles qui concernent la sémantique des protocoles asynchrones. Il propose un algorithme de génération d'adaptateur dans le cas d'une collaboration qui implique une compatibilité partielle. La compatibilité partielle est définie lorsque deux services ont des fonctionnalités complémentaires, mais à cause d'incompatibilité entre leurs interfaces ou protocoles métiers, ils ne peuvent pas être directement composés. L'approche d'adaptation utilise une méthode à base d'espace d'état pour introduire le concept du Graphe d'accessibilité de communication (CRG). Ce dernier construit simultanément un graphe d'accessibilité de deux services collaboratifs en utilisant le mappage de données. Ensuite, le CRG est vérifié pour évaluer si la génération d'adaptateur est nécessaire ou non. Un modèle de transformation est représenté pour convertir le WS-BPEL au Workflow net qui est une sorte de réseaux de Petri coloré. Ils modélisent un adaptateur comme un réseau de Petri coloré.

Dans (96), les auteurs présentent une algèbre à base de réseaux de Petri pour composer les services, tout en se basant sur les flux de contrôle, et ils présentent comment l'utiliser pour l'analyse de la performance.

Les auteurs dans (97) ont présenté une approche systématique basée sur les modèles de médiateur pour générer des médiateurs exécutables et lier les services partiellement compatibles. Les services web et les médiateurs sont représentés sur la base des réseaux de pétri colorés (CPN). L'avantage de l'adoption du modèle CPN comme un formalisme sous-jacent réside dans le fait qu'il fournit une capacité riche d'analyse pour soutenir la vérification formelle de la médiation de protocole. Le processus de médiation est introduit en utilisant le mappage des messages, une technique heuristique a été proposée pour identifier les inadéquations entre protocoles, et pour la sélection les médiateurs appropriés. Les modèles BPEL correspondant à ces modèles sont également développés. En outre, un prototype du système, surnommé (SMT), a été mis en œuvre afin de valider la faisabilité et l'efficacité de l'approche.

En fait, les réseaux de Petri sont très populaires dans les domaines liés aux BPM en raison de la grande variété de flux de contrôle de processus qu'ils peuvent capturer..

Cependant, les réseaux de Petri ont certaines limites. Nous citons quelques-unes dans ce qui suit :

- La représentation des priorités ou les commandes est difficile à gérer, bien que les files d'attente prioritaires sont importantes dans la modélisation de performance.

- la vraie sémantique de la concurrence est souvent réduite à la sémantique d'entrelacement, où la simultanéité des réactions est décrite par toutes les séquences d'entrelacement de ces réactions.

- Parfois, le comportement complexe des services web qui est spécifié en utilisant les réseaux de Petri peut être difficile à gérer et à analyser. Ceci est dû à la taille énorme du graphe exhaustif représentant tous les comportements possibles du système dans la phase de génération du comportement du coordinateur. Ce phénomène est bien connu sous le nom d'explosion combinatoire, et qui est un facteur très limitant pour l'utilisation industrielle des techniques de vérification formelle.

3. Logique de réécriture

Malgré les avantages des modèles proposés (les automates à état finis, les réseaux de petri), la logique de réécriture est considérée comme un cadre général pour unifier une grande variété de modèles de la concurrence. Plusieurs modèles de concurrence ont fait déjà l'objet d'une intégration dans la logique de réécriture, nous citons : les systèmes de transitions étiquetés, les réseaux de Pétri CCS, la machine chimique abstraite, et les ECATNets.

La logique de réécriture est une logique dotée d'une sémantique saine et complète, elle permet de décrire le changement concurrent lié à l'état et le calcul des systèmes concurrents. La logique de réécriture est utilisée pour spécifier de différents modèles formels des systèmes dans une logique unificatrice. Elle a été introduite par J.Meseguer comme une conséquence des travaux sur les logiques générales. Dès lors, cette logique a été largement utilisée pour spécifier une large gamme de systèmes et langages dans divers domaines d'application. Donc la logique de réécriture fournit un cadre formel qui permet de spécifier et d'étudier le comportement des systèmes concurrents. Elle permet le raisonnement mathématique sur les propriétés à prouver, et sur des changements complexes possibles correspondants aux actions atomiques axiomatisées par les règles de réécriture. Ce qui la rend ainsi un cadre plus souple pour la spécification de systèmes concurrents. L'un des langages d'implémentation de la logique de réécriture est le langage Maude qui a été développé à SRI International. Il est semblable dans son approche générale dans l'implémentation de la logique équationnelle à l'OBJ3 de Joseph Goguen, mais il est basé sur la logique de réécriture plutôt que la logique équationnelle, et avec accent sur la meta-programmation basé sur la réflexion (98).

En effet, la logique de réécriture est une logique dans laquelle les théories de réécriture axiomatisent les systèmes concurrents. Autrement dit, La réécriture est un paradigme général d'expression de calcul dans différentes logiques computationnelles.

Malheureusement, peu de travaux ont utilisé le langage implémentant la logique de réécriture Maude comme un cadre formel pour spécifier la composition ou d'adaptation de service web malgré son expressivité et sa capacité de modéliser les systèmes repartis. Nous citons dans ce qui suit certains de ces travaux.

Dans (99) les auteurs proposent une approche pour vérifier d'une manière unifiée plusieurs notions de compatibilité entre les deux protocoles de services en utilisant le système de logique de réécriture Maude. Ils supposent que les services web sont fournis avec un ensemble d'états soutenant une séquence prédéfinie d'actions. En fait, l'approche traite des différents types de compatibilité en utilisant des stratégies différentes, mais elle n'explique pas comment adapter les services afin d'assurer l'interopérabilité entre eux.

Les auteurs dans (100) montrent comment les stratégies du langage Maude peuvent être utilisées pour améliorer la composition automatique de services web. Plus précisément, leur objectif est de formaliser leur approche de composition de services web en utilisant le langage Maude. Le travail adopte un cadre graphique pour modéliser les associations de type entre les services atomiques. Il utilise un algorithme "greedy" pour générer des plans de composition des services. Ainsi, l'exécution du modèle proposé permet de découvrir les services automatiquement et garantir l'interaction correcte des pièces indépendantes de logiciels d'une manière transparente.

Inopportunément, peu de travaux ont utilisé Maude comme un cadre formel pour modéliser les services web, malgré ses avantages dans la spécification, et le raisonnement formel sur les systèmes concurrents ; en plus de son expressivité pour décrire formellement le comportement et les propriétés vérifiables des services web. Dans notre travail (39) nous avons utilisé Maude comme un langage basé sur la logique de réécriture, et comme un modèle mathématique rigoureux. En effet, il constitue un moteur de réécriture puissant avec des capacités de recherche élevées. Nous avons bénéficié de Maude afin de proposer un méta-modèle et une définition formelle de l'interface de service Web afin de permettre un raisonnement formel à un niveau abstrait où les services Web sont considérés comme des boîtes noires. La spécification est définie de façon modulaire afin de refléter les éléments clés du méta-modèle. Nous avons doté le méta-modèle proposé avec un ensemble d'opérations (*compose, check-compatibility, resolve-mismatch*) qui peuvent être appliquées à toutes ses instances. Ces opérations sont formellement spécifiées dans le langage Maude pour permettre la vérification formelle des propriétés des systèmes telles que la vérification de la compatibilité. En plus du raisonnement formel sur la spécification, une simulation et une validation de l'approche peut être effectuée en raison de l'aspect d'exécutabilité de Maude. Ce qui prouve intuitivement la faisabilité de l'approche proposée, et qui permet de valider le comportement souhaité de la composition flexible de services web.

Les techniques de réécriture ont été développées en particulier pour le prototypage des spécifications formelles algébriques et à la démonstration de propriétés liées à la vérification des programmes. Les avantages de la logique de réécriture peuvent être résumés dans les points suivants :

- Logique unificatrice d'une grande variété de modèles de la concurrence.
- La capacité de définition et l'exécution d'un mappage conservateur entre des logiques différentes au sein du cadre de la logique de réécriture.
- La logique de réécriture fournit un cadre exécutable pour mettre en œuvre les concepts clés de la théorie de la logique générale.
- Elle permet le prototypage des spécifications formelles algébriques et elle facilite la démonstration des propriétés fonctionnelles liées à la vérification des systèmes modélisés.

IV.   Cadre formel

La logique de réécriture dotée d'une sémantique saine et complète a été introduite initialement par José Meseguer (101) comme une conséquence de son travail sur les logiques générales pour décrire les systèmes informatiques. Une théorie de la logique de réécriture est constituée d'une part d'un ensemble d'opérations dont la sémantique est décrite par des équations, et d'autre part d'un ensemble de règles de réécriture destinées à définir l'évolution simultanée du système considéré. Nous introduisons dans cette section la logique de réécriture et le langage Maude.

1.   Théorie de réécriture

Un système concurrent est décrit par une théorie de réécriture R = (Σ, E, L, R). La signature (Σ, E) d'une théorie de réécriture décrit la structure algébrique particulière des états du système. Ces derniers sont distribués selon cette même structure. Les règles de réécriture R précisent quelles sont les transitions élémentaires et locales possibles dans l'état actuel du système concurrent. Chaque règle de réécriture correspond à une action pouvant survenir en concurrence avec d'autres actions.

Les symboles de fonctions Σ et leurs propriétés structurelles E sont entièrement définis par l'utilisateur. Ce qui fournit à la logique de réécriture une grande flexibilité dans la définition de la structure des états, offrant ainsi la possibilité de présenter des structures différentes et variés.

Définition 1 : *Une théorie de réécriture étiquetée est un quadruplet* R = (Σ, E, L, R) *tel que:*

- Σ est un ensemble de symboles de fonctions et de sortes,
- E est un ensemble d'équations
- L est un ensemble d'étiquettes
- R est un ensemble de règles de réécriture $R \subseteq L \times (T_{\Sigma,E}(X))^2$; chaque règle est un couple d'éléments, le premier est une étiquette, le second est une paire de classes d'équivalence de termes modulo les équations E (*E-equivalence*).

Pour une règle de réécriture, nous utilisons la notation:

r : $[t] \rightarrow [t']$ **if** $[u_1] \rightarrow [v_1] \wedge \ldots \wedge [u_k] \rightarrow [v_k]$

Dans un système concurrent, la séquence des transitions exécutées à partir d'un état initial donné, constitue ce que nous appelons le calcul qui correspond à une preuve ou à une déduction dans la logique de réécriture.

Définition 2 : Pour une théorie de réécriture R,

On dit que $[t] \to [t']$ est prouvable dans R et on écrit $R \vdash [t] \to [t']$ ssi $[t] \to [t']$ est obtenue par une application finie des règles de déduction suivantes (102):

1. **Réflexivité** : pour chaque $[t] \in T_{\Sigma,E}(X)$,

$$\frac{}{[t] \to [t]}$$

2. **Congruence** : pour chaque $f \in \Sigma_n$, $n \in N$

$$\frac{[t_1] \to [t'_1] \ \ldots \ [t_n] \to [t'_n]}{[f(t_1, \ldots, t_n)] \to [f(t'_1, \ldots, t'_n)]}$$

3. **Remplacement**

$$\frac{\forall r : \left[t(x_1, \ldots x_n) \right] \to \left[t'(x_1, \ldots x_n) \right] \in R \quad \left[w_1 \right] \to \left[w'_1 \right] \ \ldots \ \left[w_n \right] \to \left[w'_n \right]}{\left[t(w/x) \right] \to \left[t'(w/x) \right]}$$

où (w/x) est la substitution de w_i par x_i, $1 \le i \le n$

4. **Transitivité** :

$$\frac{[t_1] \to [t_2] \quad [t_2] \to [t_3]}{[t_1] \to [t_3]}$$

Les règles de congruence et de remplacement expriment respectivement que des règles de réécriture disjointes (des règles de réécriture sont disjointes si elles n'ont pas de sous-termes communs) peuvent être exécutées en concurrences. Alors que la seconde règle permet des réécritures imbriquées, i.e., imbrication de la réécriture des sous termes $w_i \to w'_i$

dans celle du terme composite $t \rightarrow t'$. Elle indique que deux sous termes différents peuvent être réécrits en parallèle même si leurs racines, terme composite, ne sont pas disjointes (103).

2. Réécriture concurrente

Les règles de réécriture définies dans une théorie de réécriture sont indépendantes les unes des autres, c.-à-d., il n'y a aucun ordre d'exécution entre elles et à chaque étape de déduction, toutes celles dont le membre gauche correspond à un sous-terme de l'expression actuelle seront identifiées et pourront être appliquées en concurrence. Selon le nombre de règles identifiées par la règle de remplacement, nous aurons la taxonomie suivante des termes preuve $\pi : [t] \rightarrow [t']$ (102).

Définition 3

Soit une théorie de réécriture R= (Σ, E, L, R), $\pi : [t] \rightarrow [t']$ est appelée:

• 0-step concurrent-rewrite Ssi elle peut être dérivée à partir de R par application finie des règles de réflexivité et de congruence de la logique de réécriture et les termes $[t]$ et $[t']$ coïncident nécessairement.

• One-step-rewrite, Ssi elle peut être dérivée à partir de R par application finie des règles (1)-(3)

• lorsque la règle de remplacement est utilisée plus d'une fois, on parlera alors de One-step-concurrent-rewrite

• Concurrent Rewrite Ssi elle peut être dérivée à partir de R par application finie des règles (1)-(4) (102) .

3. Le langage Maude

Maude est un formalisme de modélisation de haut niveau pour la spécification formelle des systèmes répartis, basé sur la théorie de la logique de réécriture. En Maude, les parties statiques d'un système, c'est à dire les types de données, sont décrites par des équations, et les parties dynamiques, c'est à dire, les transitions du système, sont décrits par les règles de réécriture. Les spécifications Maude sont exécutables, et elles peuvent être soumises à la simulation et l'analyse formelle en utilisant l'interpréteur Maude. Maude a aussi un support syntaxique pour la spécification orientée objet à travers son extension Full Maude. Le système

Maude a été développé à SRI International et Université de l'Illinois à Urbana-Champaign sous la direction de José Meseguer (104) (105).

3.1. Spécification Maude

Le langage Maude prend en charge la spécification des théories de réécriture. Les théories équationnelles sont représentées sous forme de modules fonctionnels et les théories de réécriture sous forme de modules système. Les spécifications Maude sont des objets mathématiques qui peuvent être utilisées formellement, et en même temps, ils fournissent des modèles exécutables des systèmes (105).

Les unités basiques de spécification ou de programmation dans Maude sont appelées des *modules*. On distingue trois types de modules : les modules *fonctionnels* pour implémenter les théories équationnelles, les modules *système* qui implémentent les théories de réécriture et définissent le comportement dynamique d'un système, et les modules *orientés-objet* qui implémentent les théories de réécriture orientées objet (ils peuvent être décrits par des modules systèmes). Dans cette section, on s'intéresse seulement auxs modules fonctionnels et systèmes en raison de leur pertinence avec le travail présenté dans la thèse courante.

3.1.1. Modules fonctionnels

Un module fonctionnel spécifie un ou plusieurs types de données et les opérations sur eux, et il a syntaxe suivante:

```
fmod nom du module is
<imports> *** la réutilisation des modules
<sorts> *** les types de données et le sous-typage
<opdecls> *** noms/et les arités des opérations
<eqns> *** la façon de calculer les fonctions
endfm
```

Les sortes de types de données sont déclarées avec le mot-clé de *sort*, et les sous-types sont définis en utilisant *subsort*. Les fonctions sont déclarées par les déclarations *op*

$$op \ f: s1 ::: sn \rightarrow s \ [attributs].$$

Où f est un symbole de fonction et *s1 ::: sn* et s sont des sortes. Si le nombre d'arguments de f est nul, alors f est appelée constante de sorte *s*. Les symboles de fonction peuvent être déclarés sous forme préfixe et mix-fixe. Dans ce dernier cas, les positions des arguments sont données par des tiret ('_') dans la déclaration de fonction. Une déclaration de fonction peut également contenir des attributs pour spécifier les propriétés de la fonction, comme l'associativité et la commutativité.

Un module fonctionnel peut contenir des équations et des déclarations de variables. Les variables sont soit déclarées séparément avec le mot-clé var, ou dans les équations. Les équations peuvent être soit inconditionnelles ou conditionnelles :

$$eq\ t = u\ .$$
$$ceq\ t = u\ if\ cond\ .$$

.

Enfin, on peut importer d'autres modules (fonctionnels) prédéfinis en utilisant les primitives *protecting* ou *including* (ou pour les versions raccourcis avec pr et inc). Les commentaires dans un Module sont précédés par ***.

Les spécifications équationnelles doivent être finies et confluentes. Les équations d'une spécification sont utilisées pour réduire un terme à sa forme normale, c'est à dire, un terme irréductible de la même sorte. Une spécification équationnelle se termine si son ensemble d'équations ne conduit pas à un calcul infini au cours de la réduction des termes.

Elle est confluente si la réduction d'un terme donne toujours le même résultat, peu importe dans quel ordre, et dans le terme où les équations sont appliquées (105).

3.1.2. Modules systèmes

Dans Maude, un module système spécifie une théorie de réécriture. Une théorie de réécriture a des sortes, des types, des opérateurs, des déclarations d' équations, et des règles, qui peuvent tous être conditionnelles. Par conséquent, toute théorie de réécriture a une théorie équationnelle sous-jacente. Les règles de réécriture précisent les transitions concurrentes locales qui peuvent avoir lieu dans un système si la partie gauche de la règle correspond à un fragment de l'état du système et si la condition de la règle est satisfaite, la transition spécifiée par la règle pourrait être appliquée, et le fragment identifié de l'état se transforme en l'instance correspondante du côté droit. Un module système à la forme suivante :

```
mod <modname> is
*** la partie fonctionnelle
<imports> *** la réutilisation des modules
<sorts> *** les types de données et le sous-typage
<opdecls> *** noms/et les arités des opérations
<eqns> *** la façon de calculer les fonctions
***
<Les règles de réécriture>
endfm
```

Les modules système sont déclarés avec les mots-clés *mod*, et en plus de la déclaration décrite dans la section précédente, ils peuvent contenir des règles de réécriture inconditionnelles et/ou conditionnelles de la forme :

rl [label] : t => u .

crl [label] : t => u if cond .

De nombreux systèmes dynamiques ont un comportement non fini (ne sont pas terminants), et / ou peuvent se comporter d'une manière non déterministe. Contrairement aux spécifications équationnelles, les spécifications de réécriture peuvent être à la fois non terminantes et non confluentes. Cependant, la partie équationnelle d'une spécification de réécriture est toujours nécessaire d'être terminante et confluente (105) .

V.   Présentation de la spécification formelle

Nous spécifions formellement l'approche de la composition flexible définie dans le chapitre précédant en utilisant Maude comme un langage basé sur la logique de réécriture, et comme un modèle mathématique rigoureux. En effet, c'est un outil de réécriture puissant avec des capacités de recherche élevées. En outre, son expressivité permet de mettre en œuvre de différentes notions (la vérification de compatibilité, la composition, et l'adaptation) à un niveau très élevé d'abstraction sans compromettre l'efficacité.

En général, plusieurs fonctionnalités peuvent être contenus dans un service web, et chacune est implémentée par une opération. Un service web peut être exprimé comme un ensemble d'opérations. Dans cette section, nous allons présenter la spécification de l'interface d'un service web. A partir de la définition formelle d'interface, nous pouvons définir le processus de composition, ainsi que son instanciation qui représente le processus effectif lors de l'exécution.

La spécification de la composition flexible de service (FWSC) est présentée d'une façon modulaire selon la structure de la figure 5.1. Dans toute la spécification, nous supposons que les incompatibilités entre les interfaces sont résolvables.

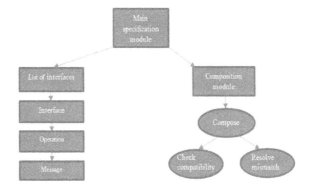

Figure 5.1- Structure des modules de la spécification

Tout d'abord nous définissons l'interface de service web, après nous spécifions le processus de composition dans Maude.

1. Spécification des messages

La coopération entre les services web est basée sur l'échange de messages. Ces messages sont en entrée ou en sortie. Chaque opération de service Web consomme des messages entrants et/ou produit des messages sortants. La spécification Maude des messages est la suivante.

```
fmod Message  is
sorts  MessageId MessageIN MessageOUT Messages .
sorts  ListMId DirectionIN DirectionOUT .
subsorts  MessageId < ListMId .
op msgIN(_,_) : ListMId  DirectionIN  -> MessageIN [ctor] .
op msgOUT(_,_) : ListMId  DirectionOUT  -> MessageOUT [ctor]  .
op msgs(_,_) : MessageIN MessageOUT -> Messages .
op SM : -> MessageId [ctor] .
op sm : -> MessageId [ctor] .
op TM : -> MessageId [ctor] .
endfm
```

msgIN(_,_),msgOUT(_,_),msgs(_,_) : sont des opérations constructeurs qui permettent de créer le type des messages d'entrées, le type des messages de sorties, et le type des messages globaux respectivement.

SM, TM : sont les valeurs des messages identificateurs qui soient des messages sources (source messages) ou des messages cible (target messages).

2. Spécification des opérations

Les fonctionnalités fournies par un service web sont implémentés par de différentes opérations. Un service web peut être exprimé comme un ensemble d'opérations reliées à une définition abstraite de service qui est le *portype (le port de connexion)*. Une opération est spécifiée par son nom, ses types de messages d'entrée et de sortie. Donc la définition formelle d'une opération est la suivante :

Op = <*nom, les données d'entrée, les données de sortie*>.

Nous spécifions formellement les opérations de services en Maude tout en se basant sur la description des messages précédemment définie.

```
fmod operation is protecting Message .
sorts OperationId  Operation ListOperation .
subsorts OperationId < Operation .
op SO   : -> OperationId [ctor] .
op TO   : -> OperationId [ctor] .
op Op : OperationId Messages -> Operation [ctor]  .
endfm
```

3. Spécification de l'interface de service web

Comme nous avons déjà défini, l'interface d'un service web est définie par un ensemble de fonctionnalités exposées comme des opérations invocables. L'interface WSDL fournie une signature d'opérations avec leur paramètres d'entrées /sorties.

Pour des raisons de simplicité, nous attribuons à chaque service une seule opération pour simplifier le processus de spécification de la composition. Le constructeur d'une interface de service Web est l'opération Maude suivante.

```
fmod    interface    is    protecting
operation .
sort Interface .
op Inter : Operation -> Interface
[ctor]  .
endfm
```

Inter: est le constructeur du type interface qui utilise le type opération pour définir l'interface d'un service web donné.

4. Spécification de la liste d'interfaces

Après avoir défini l'interface de service Web, nous définissons la liste des interfaces qui sera utilisée dans la définition du plan de composition par le module principal. Particulièrement, le plan de processus est spécifié comme une liste ordonnée des interfaces (I_1 ++ I_2++…..++ I_N) où ++ est l'opération de concaténation. L'ordre des services dans la liste des interfaces correspond à l'ordre des services dans le plan de composition. L'instanciation d'une telle spécification de processus représente le processus métier lors de l'exécution. La spécification correspondante de cette liste en Maude est la suivante :

```
fmod listinter is

protecting interface .

protecting INT .

sort ListInter .

subsorts Interface < ListInter .

op _++_ : ListInter ListInter -> ListInter [

ctor assoc ]   .

op listinter : Int -> ListInter .

endfm
```

Où _++_ est l'opération de concaténation, et *listinter (_)* permet de créer une instance de la liste des interfaces pour la composition de services Web.

La figure 5.2 montre un exemple d'instanciation d'une liste d'interfaces.

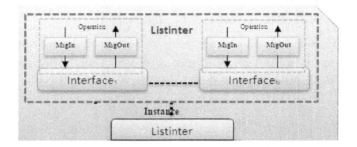

Figure 5.2- - Instanciation d'une liste d'interface

L'instanciation de la liste d'interfaces permet de créer un processus de composition effectif qui sera utilisé pour spécifier la composition et l'adaptation de service lors de l'exécution.

5. Spécification de la vérification de compatibilité

Effectuer des tâches complexes nécessite généralement de faire collaborer un certain nombre de services web. Il est donc nécessaire de s'assurer que ces services vont interagir correctement, ce qui appelle à une compréhension claire de la notion de compatibilité. Les incompatibilités entre les services web peuvent survenir à différents niveaux. Par exemple, deux services peuvent être incompatibles parce que les messages qu'ils peuvent envoyer et recevoir (comme l'a déclaré dans leur interface WSDL) ont des types incompatibles.

En fait, la composition des deux services Web exige de trouver deux opérations indemnisables qui peuvent être liés. Deux opérations peuvent être liées lorsque les paramètres de sortie de la première (source) peuvent couvrir les paramètres d'entrée de la seconde (cible). Par conséquent, pour assurer la compatibilité entre les deux services, nous devons vérifier si le nombre et le type des messages envoyés sont compatibles avec ceux requis, et chaque opération doit être liée à sa correspondante.

Lors de la vérification de la compatibilité des types de données entre deux services Web Ws1 et Ws2, nous devons vérifier que le type attribué au paramètre de sortie du service Ws1 est un sous-type du type attribué au paramètre d'entrée du service Ws2. Par conséquent, il est sûr de transférer les données de la sortie de Ws 1 à l'entrée de Ws2.

Plus formellement, si WS1 et WS2 sont deux services Web pour être composées, la compatibilité entre eux est vérifiée si :

$$(\mid W_{S1.out} \mid = \mid W_{S2.in} \mid) \wedge$$

$$(Type(elm(i, W_{S1.out})) \leq Type(elm(i, Ws_{2.in})) \wedge$$

$$(Compensable(Op_{ws1}, Op_{ws2}) = true) .$$

$W_{S1.out}, Ws_{2.in}$ sont respectivement la liste des messages de sortie du service Ws1 et la liste des messages d'entrée du service WS2.

Où :

- $\mid L \mid$: dénote la longueur de la liste L.

- elm (i, L): est l'élément de rang i dans la liste L.

- $t1 \leq t2$: signifie que t1 est un sous-type (ou même type) de t2.

- $Compensable$ (O1, O2): est une fonction qui prend comme deux opérations de service en entrée, et renvoie true si les opérations sont compensables.

La spécification de l'opération *checking_compatibility* est présentée comme suit :

```
op check-compatibility: Interface Interface-> Bool .
 eq  check-compatibility(I,I2) = if  getOId(I) == SO  and
getOId(I2) == TO
and  lenght(getLMOUT(I)) == lenght(getLMIN(I2))

and   subType(getLMOUT(I),getLMIN(I2)) == true  then true else
false fi .
```

La fonction de vérification de compatibilité compare les deux interfaces I1 et I2 des services Web WS1 et WS2 qui doivent être composé. Cette fonction vérifie que l'opération source *SO* de la première interface I1 à une opération cible correspondante *TO* dans la deuxième interface I2. Ensuite, elle utilise les opérations *getLMOUT* et *getLMIN* pour obtenir

98

les listes des messages sortants et entrants, et elle vérifie si elles ont la même longueur. En outre, elle effectue la vérification de compatibilité pour les types de messages en utilisant la fonction *subType*.

Quand l'hétérogénéité survient, il y a une nécessité d'un mécanisme qui assure le bon fonctionnement entre les services web afin de produire le résultat souhaité. Ce mécanisme de réconciliation est connu sous le nom de l'adaptation d'interfaces des services web. Dans la section suivante nous assurons l'adaptation via les opérations d'adaptation (opération de résolution d'incompatibilité) spécifiées en Maude.

6. Spécification de la résolution des incompatibilités

La capacité à gérer les échecs lors de l'exécution et être en mesure de les traiter est une tâche très importante, surtout dans le contexte de médiation des processus de service. A l'exécution du processus métier, des instances du modèle du processus sont créées, et permettent l'échange de messages entre les services impliqués dans un tel processus. La définition de ce modèle de processus métier doit tenir compte des différences qui existent entre les différentes instances des services composée, et ainsi permettre leur interopérabilité durant l'exécution. Pour garantir la compatibilité entre les services durant l'exécution il devrait y avoir un mécanisme de vérification de compatibilité automatique qui permet la décision d'adaptabilité lorsque la situation l'exige. Par conséquent, l'adaptabilité pourrait être assurée s'il y a un adaptateur qui sert à réconcilier les différences existantes entre les services incompatibles.

Dans ce qui suit, nous présentons la spécification formelle du principe d'adaptation adopté par notre approche. Dans la figure 4.3 du chapitre précèdent, nous avons montré les scénarios des incompatibilités qui peuvent survenir entre deux services web dans une composition dynamique. L'ensemble des opérations proposées (*Hide, Split, Merge, ResvType*) aborde ce problème. Chaque opération d'entre elles effectue un type d'adaptation sur la liste de messages envoyés selon une condition spécifique.

La plus part des approches existantes présentent des solutions semi-automatique d'adaptation où le concepteur de l'adaptateur doit identifier le patron d'incompatibilité existant. Dans notre solution, nous présentons une approche d'adaptation automatique et dynamique sans la nécessité d'une intervention humaine. Le vérificateur de compatibilité identifie l'incompatibilité existante ainsi que l'opération d'adaptation correspondante. Nous citons dans ce qui suit la spécification du processus d'adaptation, ainsi que les conditions dans lesquels l'adaptation est réalisée.

Formellement parlant, soient Ws1, Ws 2 deux services Web pour être composés où :

$Ws_{1.out} = \{m_1, m_2, \ldots, m_n\}$.

Et

$Ws_{2.in} = \{m_1', m_2', \ldots, m_k'\}$.

L'adaptation est réalisée en utilisant la fonction *resolve-mismatch* qui invoque itérativement une des opérations d'adaptation selon des conditions précises jusqu'à l'atteint de la compatibilité entre les services, la figure 5.3 montre le principe de travail de l'opération. L'opération *resolve-mismatch* principale permet de faire la mise à jour des messages de sortie adaptés dans l'interface I .

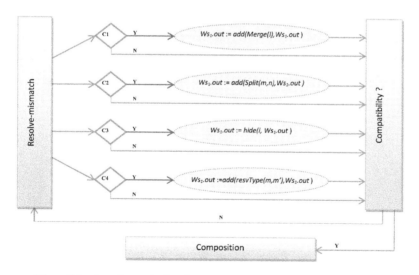

Figure 5.3- - Le principe de fonctionnement de l'opération Resolve-mismatch

C1, C2, C3 et C4 définissent les conditions dans lesquelles chaque opération d'adaptation est appliquée:

- **C1**: $\exists\, l \subseteq Ws_{1.out} \;\wedge\, \exists\, m' \in Ws_{2.in}$ s.t $l = subparts(m')$.

- **C2**: $\exists\, m \in Ws_{1.out} \;\wedge\, \exists\, l' \subseteq Ws_{2.in}$ s.t $l' = subparts(m)$.

- **C3**: $\exists\, m \in Ws_{1.out} \;\wedge\, \forall\, l' \; (\, l' \subseteq Ws_{2.in} \;\Rightarrow\; l' \neq subparts(m))$

      $\wedge\; \forall\, l \;\; m' \,((\, l \subseteq Ws_{1.out} -\{m\} \;\wedge\; m' \in Ws_{2.in}) \;\Rightarrow l \cup \{m\} \neq subparts(m'))$

      $\wedge\; sameInstance\,(m,m') = false$.

  - **C4**: $\exists\, m \in Ws_{1.out} \;\wedge\, \exists\, m' \in Ws_{2.in} \;\wedge\; sameInstance\,(m,m')$ s.t

    $not(Type(m) \leq Type(m'))$.

  où: *sameInstance* (_, _): vérifie si deux messages sont liés.

A chaque étape du processus d'adaptation, la liste des messages de sortie de Ws 1 (Ws 1.out) est progressivement adaptée jusqu'à l'atteinte de compatibilité. Lorsque la compatibilité est atteinte, l'opération *Resolve-mismatch* retournera l'interface adaptée I'.

Le profil de chaque opération d'adaptation est spécifié en Maude par les opérations de Maude suivantes :

```
op Merge : ListMId -> MessageId .

op Split : MessageId  Int -> ListMId  .

op hide : Int ListMId -> ListMId .

op resvType : ListMId ListMId -> ListMId .
```

Dans la phase de spécification des opérations, on a défini le comportement des opérations grâce à la partie équation de Maude. Ainsi, le code de chaque opération est défini comme suit :

```
ceq merge(MI @ N) = MI if N == 1  .
 ceq merge( (MI @ N) : LMI) = MI if elmFromInstance((MI @ N),
LMI) == true and length(LMI) >= 1 .
ceq split(MI,N) = (MI @ 1) : (MI @ 2) if N == 2 .
ceq split(MI ,N) = split(MI ,N - 1) : (MI @ N) if N > 2 .
ceq hide(N,MI : LMI) = LMI if N == 1 .
ceq hide(N,MI : LMI) = MI : hide(N - 1,LMI) if N > 1 .
eq resvType(MI,MI2) = if MI == SM and MI2 == TM then MI else SM
fi .
ceq resvType(MI : LMI, MI2 : LMI2) = MI : resvType(LMI,LMI2)  if
(MI == SM) and (MI2 == TM) and (length(LMI) == length(LMI2)).


ceq resvType(MI : LMI, MI2 : LMI2) =   SM : resvType(LMI,LMI2)
if (MI =/= SM) and (MI2 == TM) and (length(LMI) == length(LMI2))
.
```

Où :

• (MI @ N) est une sous-partie du rang N du message MI

• MI est l'identificateur de message. Il peut être soit SM (message de source) ou TM (un message cible)

• N est une variable entière utilisée pour accéder à un élément donné dans une liste, ou afin d'achever un processus itératif d'adaptation.

• *elmFromInstance*: vérifie si un élément appartient à la même liste d'instance.

Dans cette section nous avons montré la spécification des opérations utilisées dans la phase d'adaptation. Dans notre approche on compose les services s'il y a une compatibilité entre eux, sinon on appelle l'opération **resolve_ mismatch** qui résout les inadéquations entre les interfaces des services web impliqués dans la composition.

L'opération **resolve_mismatch** est invoquée récursivement jusqu'à ce que la compatibilité sera vérifiée (compatibility = true), et cela grâce aux opérations d'adaptations présentées précédemment.

La spécification de l'opération de résolution d'incompatibilité est définie selon la figure 5.3 en Maude comme suit :

102

```
op resolve-mismatch : listMid listMid -> listMid .

 ceq resolve-mismatch (MI : LMI, MI2 : LMI2) = merge(getAllInstances(MI,MI :
LMI)) : resolve-mismatch (getRest(getAllInstances(MI,MI : LMI),MI : LMI), LMI2)
if lenght(getAllInstances(MI , MI : LMI)) > 1 and lenght(getAllInstances(MI2 ,
MI2 : LMI2)) == 1 and check-compatibility(MI : LMI, MI2 : LMI2) == false  .

 eq resolve-mismatch (MI : LMI, MI2) = if isInstance(MI) == false then resolve-
mismatch(MI, MI2) else  merge(getAllInstances(MI,MI : LMI))  fi  .
   ceq resolve-mismatch(MI : LMI, MI2 : LMI2) = split(MI,
lenght(getAllInstances(MI2 , MI2 : LMI2))) : resolve-mismatch(LMI,
getRest(getAllInstances(MI2, MI2 : LMI2), MI2 : LMI2)) if
lenght(getAllInstances(MI2, MI2 : LMI2)) > 1 and lenght(getAllInstances(MI, MI :
LMI)) == 1 and check-compatibility(MI : LMI, MI2 : LMI2) == false  .

   ceq resolve-mismatch (MI, MI2 : LMI2) = split(MI, lenght(getAllInstances(MI2
, MI2 : LMI2))) if isInstance(MI2) == true .

   ceq resolve-mismatch (MI,MI2) = MI if verifyType(MI, MI2) == true   .
   ceq resolve-mismatch (MI, MI2) = resvType(MI, MI2) if (verifyType(MI, MI2)
== false) and (isInstance(MI) == false and isInstance(MI2) == false) .

   ceq resolve-mismatch (MI : LMI, MI2 : LMI2) = MI : resolve-mismatch
(LMI,LMI2) if verifyType(MI, MI2) == true  .

 ceq resolve-mismatch (MI : LMI, MI2 : LMI2) = resvType(MI, MI2) : resolve-
mismatch (LMI,LMI2) if (verifyType(MI, MI2) == false) and (isInstance(MI) ==
false and isInstance(MI2) == false) .

   ceq resolve-mismatch (LMI : MI,LMI2) = resolve-mismatch (hide(lenght(LMI :
MI), LMI : MI), LMI2 )    if (isInstance(MI) == false) and (lenght(LMI) -
lenght(LMI2) == 1) and (verifyType(LMI, LMI2) == true ) and (check-
compatibility(LMI : MI, LMI2) == false) .
```

Où:

getAllInstances: permet d'extraire toutes les instances d'un message dans une interface donnée.

isInstance : permet de vérifier si un message est une instance d'un message complexe ou non.

verifyType: cette opération permet de vérifier si les types des messages d'envoi et de réception sont compatibles ou non.

L'opération de la résolution d'incompatibilité (*resolve-mismatch*) applique une des opérations d'adaptation selon la condition vérifiée d'incompatibilité. La condition d'incompatibilité est définie en Maude sous une condition d'exécution de l'opération (*resolve-mismatch*) comme illustré dans la figure 5.3. Après, l'atteinte de compatibilité, l'opération retournera la liste des messages envoyés adaptés selon l'interface requise du second service.

7. Spécification de la composition de service

La composition dynamique de services web est le processus de construction d'un service Web composite à valeur ajoutée. Ce dernier offre de nouvelles fonctionnalités en utilisant les services disponibles pour répondre à des besoins complexes du demandeur d'application.

Un service web composite est constitué de plusieurs unités autonomes mais conceptuellement coopératives. Afin d'établir une composition de services de longue durée, chaque opération impliquée dans le processus de composition doit être contenue dans les fonctionnalités du service composite (CWS):

$$op \times op \cdots \times op \rightarrow CWS.$$

Le résultat d'une composition séquentielle de deux opérations de service est défini comme suit:

$$compose(op^i{}_{ws1}, op^j{}_{ws2}) = (op_{ws1,ws2}, input_i, output_j).$$

Nous spécifions le processus de composition et d'adaptation formellement en utilisant l'opération de composition qui appelle à toutes les autres opérations nécessaires (de vérification de compatibilité et d'adaptation). Cela permet d'assurer la compatibilité entre les services sans le besoin d'interrompre the processus de composition. La spécification de l'opération de composition est définie comme suit :

```
op compose :Interface Interface -> ListInter .
 eq compose(I,I2) = if check-compatibility(I,I2)
== true then comp(I,I2) else  comp(resolve-
mismatch(I,I2,false),I2) fi .
```

La composition pour n éléments en utilisant la liste d'interfaces LI = (I_1 ++ I_2 ++ ... ++ I_{n-1}) , est définie récursivement par la fonction *Rec_comp* . La version simplifiée de la fonction est la suivante:

- *Rec-comp (LI ++ I_n) = compose(Rec-comp(LI), I_n) if $n \geq 2$* .
- *Rec-comp (I) = I* .

Par exemple:

Rec-comp (I_1 ++ I_2) = compose(Rec-comp (I_1),I_2) = compose(I_1,I_2) .

Nous avons spécifié complètement la fonction dans Maude comme suit :

```
eq rec-comp(LI ++ I) = compose(rec-comp(setlastInter(resolve-
mismatch(getLastInter(LI),I),LI)),I) .
eq rec-comp(I) = I .
```

L'équation proposée permet la composition de *N* services web afin d'être exécutés séquentiellement dans un ordre adéquat. Cependant, l'interaction des services Web peut suivre des schémas de composition plus complexes. En fait, l'équation de la composition peut également couvrir d'autres structures de composition (conditionnelles, itérative, parallèle). La composition conditionnelle implique l'exécution de l'une des structures de séquences exclusivement selon une condition spécifiée. Cela peut être ajouté comme une condition d'exécution en Maude en rajoutant une contrainte afin de permettre l'exécution d'un chemin de plan donné. En outre, comme mentionné dans (106), les activités itératives peuvent être transformées en une activité de séquence en élargissant les cycles. Ceci peut se faire en rajoutant une condition d'arrêt pour l'exécution de la même activité *N* fois. L'équation peut également soutenir la composition parallèle de telle sorte que les processus qui sont exécutés en parallèle peuvent être transformés en processus invoqués simultanément. Donc les entrées et les sorties du service composite seront la somme des entrés et des sorties de chaque service impliqué dans le processus d'exécution parallèle.

VI.   Conclusion

Dans ce chapitre nous avons présenté dans un premier temps les différents formalismes pour la spécification de la composition et de l'adaptation de services. Peu de travaux ont utilisé Maude pour spécifier les services web malgré son adéquation pour modéliser les systèmes répartis. Ensuite, nous avons présenté le cadre formel utilisé et ses avantages dans la spécification formelle de la composition flexible de service web. En particulier, nous avons présenté la logique de réécriture et le langage Maude. Nous nous sommes concentrés sur la présentation des aspects théoriques de la logique, tel que la définition formelle de la théorie, les règles de déductions, et la réécriture concurrente. Dans la section Maude, nous avons présenté les différentes types des modules Maude tel que : les modules fonctionnels et les modules systèmes. Ceci afin avoir une idée globale sur le langage avant d'entamer la spécification formelle.

Pour doter l'approche de la composition flexible de service (FWSC) présenté dans le chapitre précédent avec une sémantique et un raisonnement formel, nous l'avons spécifiée formellement en utilisant Maude comme un cadre formel adéquat. Le langage Maude a été utilisé comme un cadre formel unificateur, ce qui permet de modéliser précisément les systèmes avant leur construction grâce à la logique équationnelle et de réécriture. Ceci permet l'analyse et le raisonnement formel à un niveau élevé d'abstraction. Nous avons spécifié le processus de la composition et d'adaptation dynamique à l'égard de la vérification de la compatibilité. Le processus décide quel type d'adaptation est nécessaire pour résoudre les incompatibilités existantes. Le type d'adaptation est fourni selon des types d'incompatibilités entre les interfaces de services. Par conséquent, les opérations d'adaptation seront invoquées d'une façon récursive selon l'incompatibilité existante. Cela nous a permet de valider la notion compatibilité par l'exécution de la spécification. Finalement nous avons spécifié la composition flexible de service. La spécification de cette dernière nous a permis de modéliser le processus de composition et d'adaptation automatiquement en se basant seulement sur les interfaces des services. Au meilleur de notre connaissance, cette approche est la première tentative pour fournir une méthode formelle qui compose et adapte les services automatiquement tout en préservant leur nature de boite noire.

Chapitre 6 : Etude de cas

Chapitre 6 : Etude de cas

I. Introduction

Dans ce chapitre, nous présentons une étude de cas d'une composition de services qui implique des incompatibilités entre les interfaces des services engagés dans un tel processus. Nous étudions les différent cas d'incompatibilités dans le processus et nous montrons leur résolution grâce à la notion d'adaptateur. Ensuite, nous appliquons notre spécification à l'exemple de composition présenté et nous vérifions formellement la notion de compatibilité entre les services durant l'exécution. Ceci nous permettra de prouver l'efficacité de l'approche dans le traitement des incompatibilités, et de valider et vérifier le comportement souhaité de la composition par l'exécution de la spécification.

II. Présentation du système d'agence de Voyage

1. Présentation informelle du système d'agence de Voyage

Dans un processus métier donné, la sélection dynamique de service implique la combinaison dynamique de plusieurs services qui ont été conçus pour des buts entièrement différents. La tâche du processus réel est très complexe, car ces services sont généralement choisis en fonction des différents besoins des utilisateurs. Dans cette section, nous présentons une étude de cas d'une agence de voyage. Les clients d'une telle agence soumettent les informations requises pour faire les réservations d'hôtels et d'avions en ligne, ainsi pour obtenir la carte géographique d'itinéraire entre les adresses des services réservés. Pour cette fin, le service de l'agence utilise un générateur de plan de processus pour créer automatiquement la composition de services en se basant sur les requêtes des utilisateurs. Le service de l'agence compte principalement sur les services des voyages existants afin de fournir de nouvelles fonctionnalités au-dessus des fonctionnalités existantes. Donc les clients ne se soucient pas des services qui vont être composés dans le processus, ni de la façon de leur composition, mais principalement du résultat souhaité à partir de l'entrée des clients.

Considérons que le client veut l'obtention d'une réservation de billet d'avion et d'une chambre d'hôtel, ainsi que la carte géographique d'itinéraire entre l'hôtel et l'aéroport de destination. Ceci tout en spécifiant le nom d'utilisateur et le mot de passe, l'adresse locale, l'adresse de destination, les préférences de l'hôtel, et la période prévue. Une des façons pour composer les services existants est d'interroger le générateur de processus afin de fournir un plan de composition qui pourrait satisfaire une telle demande. En effet, le générateur de processus prend en entrée la demande de l'utilisateur, et l'ensemble des services existants, ensuite il fournit le plan de service composite qui satisfait la tâche requise. Toutefois, les services engagés dans la composition ne sont pas conçus pour interagir les uns avec les autres, et donc ils peuvent présenter des interfaces incompatibles lors de leur interaction. L'exemple courant montre une composition de service qui implique des services Web hétérogènes. Cette composition prend en considération les tâches suivantes:

- Connexion : est utilisée comme une étape initiale où l'utilisateur doit entrer le nom d'utilisateur et le mot de passe pour se connecter et obtenir l'identificateur de l'utilisateur : "userId ".

- Réservation d'avion et d'hôtel: ces tâches dépendent du "*userId*" précédemment fourni et l'ensemble des entrées existantes pour effectuer la réservation d'avion et d'hôtel.

- Carte d'itinéraire: fournit à l'utilisateur une carte d'itinéraire entre deux adresses spécifiées.

Web service operations	Inputs	Outputs
Login	Usr-name: String,	LoginSuccess: boolean
	Ps-word: String	userId: String
Flight reservation	UserId : Int	FReservation: Reservation
	DDate : Date	Airport-Addr: String.
	DpAddrs: Location	
	DAddrs: Location	
Hotel reservation	UserId : String	HReservation: HReservation
	DAddrs: Location	H-Addr: String
	Hpreferences: Preferences	
	DDate: Date, RDate: Date	
Itinerary map	Itinerary : Itinerary < adress1, adress2>	IntineraryMap: Map.

Table 6.1- Les interfaces des services web impliqués dans la composition

La table 6.1 montre les interfaces des opérations de services impliqués dans la composition où "Ddate", "Rdate", "DpAddrs", "DAddrs", "H-Adr", "HPreferences", "FReservation", "HReservation" sont respectivement la date de départ, date de retour, adresse de départ, adresse de destination, adresse de l'hôtel, les préférences d'hôtel, la réservation d'avion, et la réservation d'hôtel.

La demande de l'utilisateur est définie par R = (R$_{in}$, R$_{out}$) dans laquelle R$_{in}$, R$_{out}$ représentent, respectivement, l'entrée fournie et la sortie désirée du service composite.

Considérons :

R_{in}=(Username,password, DpAddrs, DAddrs, DDate, RDate,Hpreferences)
Et
R_{out}= (HReservation, FReservation, ItineraryMap)

La figure 6.1 illustre le processus de composition. Il contient un ensemble d'opérations de services ordonnées définissant le flux de la composition.

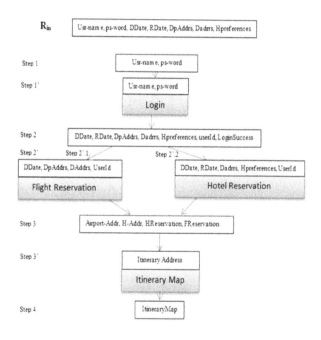

Figure 6.1- - Processus de composition d'une agence de voyage

2. Exemple d'hétérogénéités du système et la nécessité d'adaptation

Dans le processus de la figure 6.1, certaines incompatibilités existantes entravent la composition correcte des services Web. Tout d'abord, les inadéquations se produisent entre les étapes 2 et 2 '. En effet, à l'étape 2'.1, l'identificateur de l'utilisateur (*userId*) est fourni en type de message *String,* quand il est requis d'être un entier. Ainsi, *ResvType* est l'opération de mappage nécessaire pour transformer le type fourni (String) selon le type requis (entier). Le message *LoginSuccess* doit également être écarté entre les étapes 2 et 2 '. L'opération d'adaptation nécessaire pour cacher les messages supplémentaires est l'opération *Hide*. D'autres incompatibilités se produisent entre les messages fournis de l'étape 3 et celles requises de l'étape 3 '. Premièrement, l'itinéraire entre l'adresse de l'aéroport et l'adresse de l'hôtel est fourni par deux messages distincts qui sont: l'adresse de l'aéroport et l'adresse de l'hôtel. Tandis que l'entrée requise par le service de carte d'itinéraire doit être un type complexe qui contient deux adresses fusionnées en type itinéraire (Le type itinéraire comprend deux adresses de paramètres dans ses sous-parties). L'opération d'adaptation nécessaire dans un tel cas est l'opération *Merge*. Deuxièmement, les messages de la réservation d'avion et d''hôtel qui sont fournis par les opérations *Hotel reservation* et *flight reservation* ne sont pas tenus par l'opération de carte d'itinéraire. Donc, l'opération *Hide* est nécessaire dans ce cas pour cacher ces messages supplémentaires. Après l'exécution de l'opération *itineraryMap*, l'adaptateur fournit ensuite un nombre des messages au client qui n'ont pas été requis précédemment par les opérations existantes (les messages de réservation d'hôtel et d'avion). Cela est effectué par la sauvegarde des données dans des tampons par exemple, et par la transmission de ces messages quand ils seront requis (à la fin d'execution de *itineraryMap).*

En effet, notre spécification permet d'extraire les opérations d'adaptation nécessaire automatiquement sans l'intervention du concepteur d'adaptateur. Ceci est réalisé tout en comparant l'ensemble des interfaces hétérogènes (l'interface fournie vs l'interface requise) et dériver les opérations de mappage nécessaires selon un ensemble de patterns d'incompatibilité des interfaces. Cette comparaison implique la vérification des structures XML des interfaces de services impliqués dans le processus de composition. La spécification utilise un ensemble de conditions d'adaptation selon les paternes d'incompatibilités existants pour appliquer l'adaptation nécessaire aux interfaces hétérogènes. L'adaptation du processus de composition courant (figure 6.1) nécessite l'application des opérations *RevType, Merge,* et *Hide*. En fait, les messages fournis sont interceptés par l'adaptateur, puis transformés par rapport à l'interface requise dans le plan. Finalement, les messages adaptés (les messages SOAP) sont transmis aux services partenaires.

Dans les deux figures suivantes (figure 6.2 et 6.3) nous montrons le fonctionnement de l'adaptateur dans les différents cas d'incompatibilités du processus défini.

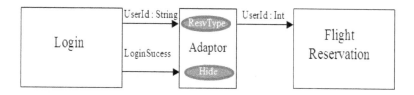

Figure 6.2- - La réconciliation des hétérogénéités entre les services login et Flight_Reservation

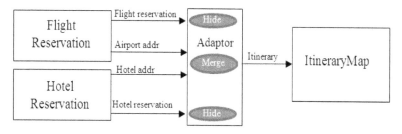

Figure 6.3- La réconciliation des hétérogénéités entre les services Flight_Reservation, Hotel_Reservation et itineraryMap

III.   Instance de la spécification formelle

1.   Exemples de traces du processus abstrait

L'exécution de la spécification est constituée d'une séquence d'exécution de règles à partir d'un état initial conduisant à l'état final. La sortie de l'exécution est l'état final qui correspond à la séquence des états d'action (l'état de traces d'exécution) obtenus pendant l'exécution des équations. La séquence de ces équations est obtenue en fonction de leur condition. Dans cette section nous présentons la définition formelle correspondante du processus de composition présenté et la trace du processus spécifié. Nous montrons l'efficacité de l'approche tout en appliquant la spécification exécutable de Maude au processus de composition proposé. L'aspect exécutable de la spécification permet de valider le comportement désiré des systèmes avant leur construction, il permet de détecter les défauts de conception résiduels et inévitables par l'exécution de la spécification comme un prototype à un stade précoce dans le processus de conception. En outre, il permet de fournir aux utilisateurs et aux développeurs l'expérience concrète qui est nécessaire pour simuler et valider le comportement désiré des systèmes. Nous présentons dans ce qui suit les différentes étapes menés par la spécification avant d'atteindre le terme canonique de la spécification. Spécifiquement, nous présentons une abstraction plus élevée du processus de composition en utilisant les termes de la spécification. L'exécution d'une telle spécification permettrait de simuler le comportement d'une composition flexible de services.

La figure 6.4 montre l'abstraction du processus de composition en utilisant les termes de la spécification.

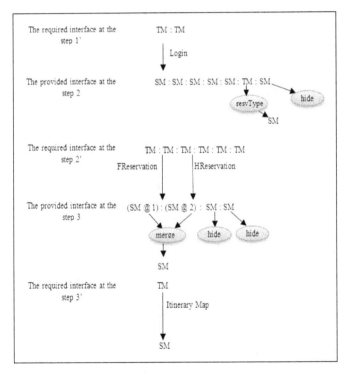

Figure 6.4- - processus abstrait de la composition de l'agence de voyage

La spécification du processus peut également servir d'être utilisée pour générer l'ensemble des opérations nécessaires pour l'adaptation des incompatibilités existantes. Par exemple: afin d'analyser les opérations d'adaptation appliquées pour cette instance de processus, nous pourrions utiliser la commande set trace dans Maude pour révéler les traces suivies par la spécification avant d'atteindre le dernier terme selon une opération spécifique.

2. Analyse et vérification formelle

La spécification formelle décrit les règles qu'un système logiciel devrait obéir. D'une part, les règles servent comme une documentation des exigences, et, d'autre part, elles peuvent être formellement vérifiées pour assurer des propriétés fonctionnelles. Dans notre cas, la spécification formelle devrait représenter les caractéristiques d'une composition de service dans un environnement dynamique.

La spécification exécutable obéit aux règles qui ont été établies par la spécification formelle. Ceci augmente la sécurité du logiciel. Si la vérification doit être effectuée, la correction formelle peut également être garantie par l'exécution de la spécification. Dans ce cas, la spécification exécutable est considérée comme un prototype du système spécifié (la composition de l'agence de voyage).

Nous visons principalement à vérifier la compatibilité entre les services lors de leur composition. Cela peut être réalisé on vérifiant les interfaces des services durant leur composition. Pour cette fin, nous vérifions le comportement désiré du processus de composition par l'exécution de la spécification.

Dans ce qui suit, nous appliquons la spécification de la composition à l'instance de processus. La spécification correspondante du processus de composition (en Maude) est la suivante:

```
eq listinter(LI) = inter(Op(SO,msge(msgIN(TM : TM : nil,IN),msgOUT( SM :
SM : SM : SM : SM : TM : SM : nil,OUT)))) ++ inter(Op(TO ,msge(msgIN(
TM : TM : TM : TM : TM : TM : nil,IN),msgOUT((SM @ 1) : (SM @ 2)
: SM : SM : nil,OUT)))) ++ inter(Op(TO,msge(msgIN(TM : nil,IN),msgOUT(
SM : nil,OUT)))) .
```

Nous appliquons notre spécification à l'instance du processus de la composition. L'opération *Comp* est appliquée à l'instance de processus proposé afin de composer et d'adapter les services à l'égard de la vérification de la compatibilité. Lors de l'application des termes correspondants de la spécification au processus existant, le remplacement des termes se fait par des pairs égaux (l'utilisation d'équations en algèbre élémentaire qui possède une sémantique très claire et simple en logique équationnelle). Le remplacement d'égaux par égaux est effectué uniquement de gauche à droite, et il est ainsi appelé la simplification équationnelle ou alternativement la réécriture équationnelle. Evidemment, les équations de notre spécification doivent avoir de bonnes propriétés comme les règles de simplification dans le sens que leur résultat final existe et doit être unique.

Après avoir atteint la forme canonique, nous pouvons vérifier si la compatibilité a été atteinte ou non. Cela permet de simuler et de valider le comportement désiré de la composition flexible de service par l'exécution. La figure 6.5 présente une capture d'écran de l'exécution de la spécification qui montre clairement que l'adaptation du processus abstrait a été réalisée comme illustré dans la figure 6.4. En fait, les messages fournis sont compatibles avec ceux requis en termes de type et de nombre. Par conséquent, l'exécution de la spécification montre la composition et l'adaptation du processus entier. Cela nous permet de vérifier la propriété de compatibilité par l'exécution. Ceci est possible grâce à la vérification des sortis fournis des services précédents par rapport aux entrées requises des services prochains. En conséquence, l'exécution de la spécification du processus nous a permis de valider le comportement souhaité de la composition flexible de service.

```
Maude> reduce in LImain : comp(listinter(LI)) .
rewrites: 1188 in -4384104375ms cpu (11ms real) (~ rewrites/second)
result listInter: compose(compose(inter(Op(SO, msge(msgIN(TM : TM : nil, IN),
    msgOUT(SM : SM : SM : SM : SM : SM : nil, OUT)))), inter(Op(TO, msge(msgIN(
    TM : TM : TM : TM : TM : TM : nil, IN), msgOUT(SM : nil, OUT))))), inter(
    Op(TO, msge(msgIN(TM : nil, IN), msgOUT(SM : nil, OUT)))))

Maude>
```

Figure 6.5- La réalisation de la compatibilité en utilisant la spécification exécutable de Maude

En effet, la spécification exécutable permet de vérifier la compatibilité entre les interfaces des services, de simuler le processus de la composition et de l'adaptation, et enfin de fournir aux utilisateurs l'expérience concrète nécessaire pour valider le comportement désiré d'une composition flexible.

IV.   Conclusion

Dans ce chapitre nous avons présenté une étude de cas d'une agence de voyage. Au début nous avons présenté les principales taches de cette agence et les interfaces des services impliqués dans une telle composition. Nous avons montré l'utilité du processus d'adaptation dans l'assurance du bon fonctionnement entre les services et comment les interfaces de ces derniers sont réconciliées informellement. Dans la section subséquente, nous avons abstrait le processus d'adaptation en utilisant les termes de notre spécification. Cela peut servir pour générer les opérations d'adaptation nécessaire au moment d'exécution sans l'aide d'intervention humaine. Nous avons aussi montré que la spécification permet le raisonnement mathématique et formel, et elle permet aussi de vérifier la compatibilité par l'exécution de la spécification. Cela, peut être vérifié en appliquant les termes de la spécification au processus de composition existant. Après l'atteinte du terme canonique, la compatibilité entre les interfaces fournis et requises pourrait facilement être vérifiée. En effet, la spécification du processus de composition et d'adaptation nous a permet de raisonner formellement sur elle, et elle nous a permet de simuler son comportement désiré de la composition flexible.

L'interpréteur Maude permet l'exécution efficace de la spécification des systèmes. De cette façon, nous pouvons détecter les incohérences et les failles de ces derniers avant leur réalisation. En outre, la spécification exécutable formelle de Maude peut être utilisée pour atteindre un niveau élevé d'assurance sur les systèmes de communication à travers une série combinée des techniques sophistiquées.

Conclusion

Conclusion générale

Le travail réalisé dans cette thèse se trouve à l'intersection de plusieurs domaines de recherche dont nous pouvons citer : les services web, les spécifications formelles, les systèmes dynamiques, la vérification formelle de la compatibilité des composants logiciels. Principalement, l'objectif de la thèse était de proposer une approche qui permet d'adapter les interfaces de service lors de l'exécution sans anticiper le processus au moment de conception, permettant ainsi aux services Web de se reconfigurer quand la situation l'exige grâce à un processus d'adaptation.

- **Contribution**

Dans cette thèse, nous avons présenté une approche de composition dynamique et flexible de services web. La contribution de cette thèse se situe à deux niveaux : un niveau théorique et un niveau pratique.

a) **Sur le plan théorique :**

- Nous avons présenté les différents définitions des standards existants de l'architecture orientée service
- Nous avons présenté la notion d'*interface* et la *conformité* entre les interfaces des services impliqués dans une composition
- Nous avons donné un état de l'art de la *composition de services* ainsi que les catégories existantes traitant la façon de générer le processus de composition.
- *L'adaptation* de service a été étudiée dans son contexte de reconfiguration dynamique sans le besoin de modifier le code source des services participants. Nous avons bien évidemment présenté les différents travaux discutant l'adaptation de service sous plusieurs perspectives
- Nous avons proposé et présenté *informellement une approche de composition* et d'adaptation dynamique des services tout en évoquant la nécessité d'adaptation dans un environnement dynamique et les cas d'incompatibilités qui peuvent se produire. En outre, nous avons présenté l'approche en incluant : l'architecture de la composition flexible FWSC (*Flexible Web Service Composition*).
- Une autre partie de la thèse a été dédiée au cadre formel utilisé dans notre spécification des services web. Nous avons présenté les principaux formalismes qui

118

ont été proposés pour spécifier les services web, et nous avons montré les qualités de Maude dans la formalisation des systèmes répartis.

- Le noyau de notre contribution sur le plan théorique réside dans la formalisation de la composition flexible de services. Pour cela nous avons présenté une formalisation d'un méta-model de plan de processus. L'instance de ce dernier pourrait être utilisée dans la spécification formelle de la composition et l'adaptation de service. On a muni le méta-modèle proposé avec un ensemble d'opérations (compose, check-compatibility, resolve-mismatch) qui peuvent être appliquées à toutes ses instances. Ces opérations sont formellement spécifiées dans le langage Maude pour permettre la vérification formelle des propriétés des systèmes comme la vérification de la compatibilité.

- En particulier, nous avons spécifié le processus de composition et d'adaptation dynamique tout en se basant sur la description d'interface de service. Le processus de composition est assuré par une fonction de composition qui fait appel aux autres opérations nécessaires. Le processus a été défini pour deux éléments dans un premier temps. Puis, nous l'avons étendu pour couvrir N éléments. L'adaptation de service est garantie par un ensemble d'opérations de mappages des interfaces. Ces opérations sont définies selon les patterns d'incompatibilités des interfaces. L'opération de résolution d'incompatibilité définie fait appel aux opérations de mappages d'une façon itérative jusqu'à l'atteinte de compatibilité. L'ensemble de processus de composition et d'adaptation a été formalisé en Maude qui est un langage doté d'une sémantique formelle.

- Une étude de cas réaliste et de grandeur naturelle a été aussi envisagée. L'étude concerne une agence de voyage qui permet aux clients d'accéder et de bénéficier des fonctionnalités des services existants. L'étude a permis de mettre en évidence plusieurs hétérogénéités dans une composition de service. Nous avons montré comment de telles incompatibilités peuvent être résolues suivant notre approche d'adaptation dynamique. Ensuite nous avons appliqué la spécification proposée au processus existant tout en montrons l'efficacité de l'approche dans l'analyse et le raisonnement formel.

b) Sur le plan pratique

- Nous avons mis au point un algorithme de composition et d'adaptation dynamique des services web.
- Nous avons conçu et développé l'outil *CompAdapt* qui permet de composer et d'adapter les services web de manière dynamique.
- L'ensemble de processus de composition et d'adaptation a été formalisé en Maude qui est un langage exécutable doté d'une sémantique formelle. Cet atout a permis l'analyse et la vérification des propriétés pertinentes. En conséquence, nous avons validé le comportement désiré de la composition flexible de services par *l'exécution de la spécification*. La spécification exécutable (écrite en Maude) du processus proposé permet la simulation et l'analyse formelle en utilisant l'interpréteur Maude. Nous avons montré comment l'utilisation du système Maude permet d'exécuter la spécification formelle proposée afin de procéder à des vérifications formelles.

- **Perspectives**

Aux meilleurs de nos connaissances, le travail réalisé dans cette thèse compte parmi les premiers qui spécifient formellement la composition et l'adaptation dynamique de service automatiquement à l'égard de la vérification de compatibilité. Toutefois, comme tout travail de recherche, il peut être étendu dans différentes directions. Parmi les voies d'investigation possibles nous pouvons citer les axes suivants :

- Il serait intéressant d'utiliser certains aspects élaborés de Maude pour améliorer la présentation et la lisibilité de la spécification formelle. A titre d'exemple, l'utilisation des *modules orientés objet* de Maude sont intéressants dans la formalisation de la communication entre les services en utilisant la notion de messages.
- L'ajout et la spécification formelle d'autres constructions de contrôle de composition telles les primitives de composition parallèle, itérative, et conditionnelle
- Il est souhaitable de considérer aussi la vérification formelle en utilisant le prouveur de théorème (Maude ITP). Ceci nécessite la définition des propriétés pertinentes aux caractéristiques critiques des services web dans une logique de premier ordre.
- La formalisation de la planification du processus de composition en Maude avec la commande *search* qui permet de générer les différentes combinaisons possibles du chemin nécessaire pour satisfaire la requête de l'utilisateur.

Annexe

Les principaux modules de la spécification

```
*****************     Module   Message   ***************************
fmod Message is
  sorts MessageId  listMid  DirectionIN DirectionOUT Direction
MessageIN MessageOUT Message   .
subsorts MessageId < listMid .
protecting TRUTH-VALUE   .
protecting INT .

op SM : -> MessageId [ctor] .
op sm : -> MessageId [ctor] .
op TM : -> MessageId [ctor] .
op _ : -> MessageId [ctor] .
op IN : -> DirectionIN [ctor] .
op OUT : -> DirectionOUT [ctor] .
op nil : -> listMid [ctor] .
op _:_ :  listMid listMid -> listMid [ ctor assoc   ]  .
op _::_ : listMid listMid -> listMid [ ctor assoc   ]  .
op _@_ : MessageId Int -> MessageId .
op msgIN : listMid DirectionIN -> MessageIN [ctor ] .
op msgOUT : listMid DirectionOUT -> MessageOUT [ctor ] .
op msge : MessageIN MessageOUT -> Message [ctor ] .
  endfm

*****************     Module   Operation   ***************************

fmod operation is protecting Message .
  sorts  OperationID Operation .
subsorts OperationID < Operation .

  op SO : -> OperationID [ctor] .
  op TO : -> OperationID [ctor] .
  op Op : OperationID Message -> Operation [ctor ] .

  endfm

*****************     Module   Interface   ***************************

fmod interface is protecting operation .
sort Interface .
op inter : Operation -> Interface [ctor]   .
op inter : Interface -> Interface .
  endfm
```

```
fmod listinter is
protecting interface .
protecting INT .
sort listInter .
subsorts Interface < listInter .
op _++_ : listInter listInter -> listInter [ ctor assoc ]   .
op listinter : Int -> listInter .
op nil : -> listInter [ctor] .
 op listinter : listInter -> listInter .
 var LI : listInter .
 eq listinter(LI) = inter(Op(SO,msge(msgIN(TM,IN),msgOUT(  TM  : SM
 : SM ,OUT)))) ++ inter(Op(TO ,msge(msgIN( TM : (TM @ 1) : (TM @ 2) :
 (TM @ 3) ,IN),msgOUT(SM : TM : SM ,OUT)))) ++
 inter(Op(TO,msge(msgIN((TM @ 1) :(TM @ 2) : TM ,IN),msgOUT(  SM
 ,OUT))))   .
endfm
```

```
fmod access is protecting listinter .


  op getLastInter : listInter -> Interface .
  op setlastInter : Interface listInter -> listInter .
  op sameinstance : listMid listMid -> Bool .
  op getTail : listMid -> listMid .
  op instancesExist : listMid -> Bool .

  op process : Int -> listInter .
  op getMsgIN : Interface -> MessageIN .
  op elmAt : Int listInter -> Interface .
  op elmAt : Int listMid -> MessageId .
  op elmFromInstance : MessageId listMid -> Bool .
  op getfirstMsg : listMid -> MessageId .
  op getAllInstances : MessageId listMid -> listMid .
  op fromSameInstance : MessageId MessageId -> Bool .
  op sus : listMid listMid -> Int .
  op getType : listMid -> MessageId .

  op verifyType : listMid listMid -> Bool .
  op verifyType2 : listMid listMid -> Bool .
  op subType : MessageId MessageId -> Bool .
  op subType : listMid listMid -> Bool .
  op getAllInstance : MessageId listMid -> listMid .
  op getRest : listMid listMid -> listMid .


  op setLMOUT : listMid Interface -> Interface .
  op getLMOUT  : Interface -> listMid .
  op getLMIN  : Interface -> listMid .
  op getOId : Interface -> OperationID .
  op lenght : listMid -> Int .
  op lenght : listInter -> Int .
  op  getMsgId : MessageId -> MessageId .
  op isInstance : MessageId -> Bool .
```

123

```
op getInstanceNbr : MessageId -> Int .
op doesexist : listMid listMid -> Bool .
vars I I2 : Interface .
vars LMI LMI2 LMI3 LMI4 : listMid .
vars MI  MI2 MI3 MI4 : MessageId .
vars MD MD3 : DirectionIN .
var MD2 MD4 : DirectionOUT .
vars OI OI2 : OperationID .
var min : MessageIN .
var mout : MessageOUT .
var N K : Int .
var LI LI2 : listInter .
var M M2 : Message .


 eq getMsgId((MI @ N)) = MI .
 eq getfirstMsg(MI : LMI) = MI .
 eq getfirstMsg(MI :: LMI) = MI .
 eq getfirstMsg(MI) = MI .
 eq getTail(MI : LMI) = LMI .
 eq getTail(MI : LMI) = LMI .

ceq getRest(MI : LMI, MI2 : LMI2) = getRest(LMI,LMI2) if MI == MI2 .
eq getRest(MI, MI2 : LMI2) = if MI == MI2 then LMI2 else MI2 : LMI2
fi .
ceq getRest(MI, MI2) = _ if MI == MI2 .
eq isInstance(MI @ N) = true .
eq isInstance(MI) = false [owise] .
eq getInstanceNbr(MI @ N) = N .

eq instancesExist((MI @ N) : LMI) = true  .
ceq instancesExist(MI : LMI) = instancesExist(LMI) if isInstance(MI)
== false .
ceq instancesExist(MI) = true if isInstance(MI) == true .
eq instancesExist(LMI) = false [owise] .


ceq fromSameInstance(MI @ N, MI2 @ K) = true if (MI == MI2) .
eq fromSameInstance(MI, MI2) = false [owise] .
ceq getAllInstances(MI @ N, MI2 : LMI) =   MI2 : getAllInstances(MI
@ N, LMI) if isInstance(MI2) == true and
isInstance(getfirstMsg(LMI)) == true and lenght(LMI) > 1 .
ceq  getAllInstances(MI @ N, MI2 : LMI) = MI2 if isInstance(MI2) ==
true and isInstance(getfirstMsg(LMI)) == false and lenght(LMI) > 1
.
ceq  getAllInstances(MI @ N, MI2 : MI3) = MI2 : MI3 if
(isInstance(MI2) == true and getInstanceNbr(MI2) >= N ) /\
(isInstance(MI3) == true and getInstanceNbr(MI3) >
getInstanceNbr(MI2)) .
  ceq  getAllInstances(MI @ N, MI2 : MI3) = MI2  if (isInstance(MI2)
== true and getInstanceNbr(MI2) >= N ) /\ (isInstance(MI3) == false)
.
ceq getAllInstances(MI, MI2 : LMI) = MI if (isInstance(MI2) ==
false) and (MI == MI2) .
ceq getAllInstances(MI, MI2) = MI if MI == MI2 .
```

```
eq getLastInter(LI ++ I) = I .
eq getLastInter(I) = I .
eq setlastInter(I,LI ++ I2) = LI ++ I .
eq setlastInter(I,I2) = I .

eq doesexist(MI,MI2 : LMI) = if MI == MI2 then true else
doesexist(MI,LMI) fi .
eq doesexist(MI,MI2) =  if MI == MI2 then true else false fi .

ceq elmFromInstance((MI @ N), MI2 : LMI) = true and
elmFromInstance((MI @ N), LMI)  if getMsgId(MI2) == MI .
ceq elmFromInstance((MI @ N), MI2) = true if getMsgId(MI2) == MI .
eq elmFromInstance(MI, MI2) = false [owise] .

ceq sameinstance((MI @ N) :: LMI,MI2) = true and
sameinstance(LMI,MI2) if MI == SM and MI2 == TM      .
ceq sameinstance((MI @ N,MI2) = true if MI == SM and MI2 == TM .
ceq sameinstance( MI,(MI2 @ N) :: LMI2) = true  and
sameinstance(MI,LMI2) if MI == SM and MI2 == TM   .
ceq sameinstance( MI,MI2 @ N) = true if MI == SM and MI2 == TM .
eq sameinstance(LMI,LMI2) = false [owise] .

eq getLMIN (inter( Op(OI,msge(msgIN(LMI,MD),msgOUT(LMI2,MD2))) )) =
LMI .


 eq getLMOUT (inter( Op(OI,msge(msgIN(LMI,MD),msgOUT(LMI2,MD2))) ))
=  LMI2   .

eq setLMOUT (LMI3,inter(
Op(OI,msge(msgIN(LMI,MD),msgOUT(LMI2,MD2))))) = inter(
Op(OI,msge(msgIN(LMI,MD),msgOUT(LMI3,MD2)))) .

eq getOId(inter( Op(OI,msge(msgIN(LMI,MD),msgOUT(LMI2,MD2))) )) = OI
.

eq lenght(MI) = 1 .
eq lenght(_) = 0 .
eq lenght(MI : LMI) = 1 + lenght(LMI) .

ceq lenght((I ++ LI2)) = 1 if LI2 == nil .
ceq lenght(I ++ LI2) = 1 + lenght(LI2) if LI2 =/= nil .

eq sus(LMI,LMI2) = lenght(LMI) - lenght(LMI2) .
eq getType(MI : LMI)= MI .

ceq verifyType(MI : LMI,MI2 : LMI2) = true and verifyType( LMI,LMI2)
if MI == SM /\ MI2 == TM .

ceq verifyType(MI : LMI,MI2 : LMI2) = false   if MI =/= SM /\ MI2 ==
TM .
eq verifyType(MI : LMI, MI2) = if (MI == SM) and (MI2 == TM) then
true else false fi .
```

```
ceq verifyType(MI : LMI, MI2 : LMI2) = verifyType(getMsgId(MI) :
LMI, getMsgId(MI2) : LMI2) if (isInstance(MI) == true and
isInstance(MI2) == true) /\ (getInstanceNbr(MI) ==
getInstanceNbr(MI2)) .
eq verifyType(MI, MI2) =  if MI == SM and MI2 == TM then true else
false fi .

ceq verifyType2(MI, MI2) = true if ((isInstance(MI) == true and
isInstance(MI2) == true) and (getInstanceNbr(MI) ==
getInstanceNbr(MI2))) or (verifyType(MI, MI2)) .
ceq verifyType2(MI : LMI,MI2 : LMI2) = true and verifyType2(
LMI,LMI2)  if verifyType2(MI, MI2) .
ceq verifyType2(MI : LMI,MI2 : LMI2) = false    if verifyType2(MI,
MI2) == false  .
eq verifyType2(MI : LMI, MI2) = if verifyType2(MI, MI2)  then true
else false fi .

eq  subType(MI,MI2) = if (MI == SM and MI2 == TM)   or (MI == sm and
MI2 == TM) then true else false fi .
eq subType(MI : LMI,MI2 : nil) = if (MI == SM or MI == sm  ) and
(MI2 == TM)  then true else false fi .
ceq  subType (MI : LMI,MI2 : LMI2) = subType(MI,MI2) and
subType(LMI,LMI2) if (LMI =/= nil and LMI2 =/= nil)   .

eq getMsgIN(inter(Op(OI,msge(min,mout)))) = min .

ceq elmAt(N,I ++ LI )= I if N == 1 .
ceq elmAt(N,I ++ LI) =  elmAt(N - 1,LI) if N > 1 .

ceq elmAt(N,MI : LMI )= MI if N == 1  .
ceq elmAt(N,MI : LMI) =  elmAt(N - 1,LMI) if N > 1  .

endfm
```

******************   Module Vérification de la compatibilité *******

```
fmod checkcompatibility is protecting listinter    .
protecting access .

op check-compatibility : Interface Interface -> Bool .
op check-compatibility :  listMid listMid -> Bool .

vars I I2 : Interface .
var LI : listInter .

vars LMI LMI2 LMI3 LMI4 : listMid .

eq check-compatibility(I,I2) = if
   lenght(getLMOUT(I)) == lenght(getLMIN(I2))
      and  subType(getLMOUT(I),getLMIN(I2)) == true  then true else
false fi .

eq check-compatibility(LMI,LMI2) = if
   lenght(LMI) == lenght(LMI2)
      and  verifyType(LMI,LMI2) == true  then true else false fi .
endfm
```

***************** Module Résolution des incompatibilities ******

```
fmod resolve-mismatch is protecting listinter    .
protecting access .
protecting checkcompatibility .

op merge : listMid -> MessageId .
op split : MessageId  Int -> listMid  .
op hide : Int listMid -> listMid .
op resvType :  listMid listMid -> listMid .
op adapt : listMid listMid -> listMid .
op resolve-mismatch : Interface Interface  -> Interface .

var I I2 : Interface .
var LI LI2  : listInter .
vars  MI  MI2 MI3 MI4 : MessageId  .
var LMI LMI2 LMI3 LMI4 : listMid .
var N M l i j K F H : Int .
var B : Bool .


eq resolve-mismatch(I,I2) = if check-compatibility(I,I2) == false
then setLMOUT(adapt(getLMOUT(I), getLMIN(I2)), I) else I fi  .

ceq adapt(MI : LMI, MI2 : LMI2) = merge(getAllInstances(MI,MI :
LMI)) : adapt(getRest(getAllInstances(MI,MI : LMI),MI : LMI), LMI2)
if lenght(getAllInstances(MI , MI : LMI)) > 1 and
lenght(getAllInstances(MI2 , MI2 : LMI2)) == 1 and check-
compatibility(MI : LMI, MI2 : LMI2) == false  .

eq adapt(MI : LMI, MI2) = if isInstance(MI) == false then adapt(MI,
MI2) else  merge(getAllInstances(MI,MI : LMI)) fi  .
 ceq adapt(MI : LMI, MI2 : LMI2) = split(MI,
lenght(getAllInstances(MI2 , MI2 : LMI2))) : adapt(LMI,
getRest(getAllInstances(MI2, MI2 : LMI2), MI2 : LMI2)) if
lenght(getAllInstances(MI2, MI2 : LMI2)) > 1 and
lenght(getAllInstances(MI, MI : LMI)) == 1 and check-
compatibility(MI : LMI, MI2 : LMI2) == false and (lenght( MI2 :
LMI2) > lenght(getAllInstances(MI2, MI2 : LMI2)) )    .

ceq adapt(MI : LMI, MI2 : LMI2) = split(MI,
lenght(getAllInstances(MI2 , MI2 : LMI2)))  if
lenght(getAllInstances(MI2, MI2 : LMI2)) > 1 and
lenght(getAllInstances(MI, MI : LMI)) == 1 and check-
compatibility(MI : LMI, MI2 : LMI2) == false and (lenght( MI2 :
LMI2) == lenght(getAllInstances(MI2, MI2 : LMI2)) )     .

ceq adapt(MI, MI2 : LMI2) = split(MI, lenght(getAllInstances(MI2 ,
MI2 : LMI2))) if isInstance(MI2) == true .

ceq adapt(MI,MI2) = MI if verifyType(MI, MI2) == true    .
ceq adapt(MI, MI2) = resvType(MI, MI2) if (verifyType(MI, MI2) ==
false) and (isInstance(MI) == false and isInstance(MI2) == false)
and (MI2 =/= _) .
```

127

```
ceq adapt(MI : LMI, MI2 : LMI2) = MI : adapt(LMI,LMI2) if
verifyType(MI, MI2) == true  .

ceq adapt(MI : LMI, MI2 : LMI2) = resvType(MI, MI2) :
adapt(LMI,LMI2) if (verifyType(MI, MI2) == false) and
(isInstance(MI) == false and isInstance(MI2) == false) .

ceq adapt(LMI : MI,LMI2) = adapt(hide(lenght(LMI : MI), LMI : MI),
LMI2 )     if (isInstance(MI) == false) and (lenght(LMI) -
lenght(LMI2) == 1) and (verifyType2(LMI, LMI2) == true ) and (check-
compatibility(LMI : MI, LMI2) == false) .

ceq merge(MI @ N) = MI if N == 1  .
ceq merge( (MI @ N) : LMI) = MI if elmFromInstance((MI @ N), LMI) ==
true and lenght(LMI) >= 1 .

ceq split(MI,N) = (MI @ 1) : (MI @ 2) if N == 2 .
ceq split(MI ,N) =  split(MI ,N - 1) : (MI @ N) if N > 2 .

ceq hide(N,MI : LMI) = LMI if N == 1 .
ceq hide(N, MI : MI2) = MI if N == 2 .
ceq hide(N,MI : LMI) = MI : hide(N - 1,LMI) if N > 2 .

ceq resvType(MI,MI2) = MI if MI == SM and MI2 == TM .
ceq resvType(MI,MI2) = SM if MI =/= SM and MI2 == TM .
ceq resvType(MI : LMI, MI2 : LMI2) = MI : resvType(LMI,LMI2) if (MI
== SM) and (MI2 == TM) .
ceq resvType(MI : LMI, MI2 : LMI2) =   SM : resvType(LMI,LMI2) if MI
=/= SM and MI2 == TM .
eq resvType(MI : LMI, MI2) = if verifyType(MI, MI2) then MI : LMI
else SM : LMI fi .

endfm
```

***************** **Module de composition** *************************

```
fmod compose is protecting listinter .
protecting resolve-mismatch .

op rec-comp : listInter -> listInter .
op compose : listInter listInter -> listInter .

var I I2 : Interface .
var LI LI2  : listInter .
vars  MI  MI2 MI3 MI4 : MessageId  .
vars LMI LMI2 LMI3 LMI4 : listMid .
var N M l i j K F H : Int .
var B : Bool .

eq rec-comp(LI ++ I) = if check-compatibility(getLastInter(LI),I) ==
false then compose(rec-comp(setlastInter(resolve-
mismatch(getLastInter(LI),I),LI)),I) else  compose(rec-comp(LI),I)
fi .

eq rec-comp(I) = I .
endfm
```

Bibliographie

1. **-Bachir, Ali Ait.** *ArchiMed : un canevas pour la détection et la résolution des incompatibilités des conversations entre services web.* 2008. 36.

2. **al, D. Box and.** Simple Object Access Protocol (SOAP). [En ligne] 2001. http://www.w3.org/TR/SOAP/.

3. Web Services Description Language (WSDL). [En ligne] 2001. http://www.w3.org/TR/wsdl/.

4. Universal Description, Discovery and Integration specification(UDDI). *W3C.* [En ligne] 2002. http://uddi.org/pubs/uddi-v3.00-published-20020719.htm.,..

5. Organization for the Advancement of Structured Information Standards (OASIS): OASIS/ebXML Registry Services Specification v2.0. . [En ligne] 2002. http://www.oasis-open.org/committees/regrep/documents/2.0/specs/ebrs.pdf .

6. W3C world wide consortium. [En ligne] February 2004. [125] W3C World Wide Web Consortium; "Web Services Architecture"; W3C Working Group Note 11;; http://www.w3.org/TR/ws-arch/ ..

7. **M. Dumas, M.-C. Fauvet.** « coursIcar-ws2 web services chapitre 4 » . [auteur du livre] M.Dumas. s.l. : 2, (2008).

8. **zahra, chouiref.** *systéme de programmation fonctionnelle pour la composition de service web.* 24.

9. **Halima, RB.** *Conception, implantation et expérimentation d'une architecture en bus pour l'auto-réparation des applications distribuées à base de services web.* 10 .

10. [En ligne] 1999. http://www.w3.org/XML/.

11. Simple Object Access Protocol (SOAP). [En ligne] 2001. http://www.w3.org/TR/SOAP/.

12. Web Services Description Language (WSDL). [En ligne] 2001. http://www.w3.org/TR/wsdl/.

13. Universal Description, Discovery and Integration specification(UDDI). [En ligne] 2002. http://uddi.org/pubs/uddi-v3.00-published-20020719.htm.

14. **DRIOUCHE, R.** *Proposition d'une architecture d'intégration des applications d'entreprise basée sur l'interopérabilité sémantique de l'EbXML et la mobilité des agents .* 2007. 59.

15. **Ang, J., Arsanjani, A., Chua, S., Comte, P., Krogdahl, P., Luo, M., & Newling, T.** Patterns: service-oriented architecture and web services. IBM Corporation, (2004).

16. *cours des services web : panorama des services web .*

17. **Carpineti, S.** *Data and Behavioral Contracts for Web Services.* s.l. : Dept., inf. Bologne and Padoua, 2007.

18. **Andrews, T., Curbera, F., Dholakia, H., Goland, Y., Klein, J., Leymann, F & Weerawarana, S.** Business process execution language for web services. 2003.

19. [En ligne] 2002. http://www.w3.org/TR/wsci/.

20. *Analysis of web services composition languages : The case of BPEL4WS.* **P. Wohed, W. M.P van der Aalst, M. Dumas, and A. H.M. ter Hofstede.** Chicago, USA : s.n., 2003. pages 200215.

21. [En ligne] http://docs.oasis-open.org/wsbpel/2.0/OS/wsbpel-v2.0-OS.html.

22. **S. Krakowiak, M. Dumas, and M.-C. Fauvet.** *Intergiciel et Construction d'Applications Réparties., .* p. INRIA Rhône-Alpes et IMAG : s.n., 2006.

23. *When are two web services compatible?* **Bordeaux, L., Salaün, G., Berardi, D., & Mecella, M..** s.l. : In Technologies for E-Services . Springer Berlin Heidelberg., 2005. (pp. 15-28).

24. **C.Cherfi, .** *Classification et Composition de Services Web : Une Perspective Réseaux Complexes.* s.l. : Université Pascal Paoli, 2011.

25. [En ligne] 2002. http://www.w3.org/TR/wscl10/.

26. OWL-S: Semantic Markup for Web Services. [En ligne] 2004. http://www.w3.org/Submission/OWL-S/.

27. **MAHFOUD, Sami.** *Interopérabilité sémantique des données échangées entre les services Web, engagés dans une composition.* 2011.

28. **Dumez, C.** *Approche dirigée par les modéles pour la spécification, la vérification formelle et la mise en oeuvre de services Web composés .* s.l. : Université de Technologie de Belfort-Montbéliard, 2010.

29. **Kil, H.** *Efficient Web service composition: from signature-level to behavioral description-level .* s.l. : Doctoral dissertation, The Pennsylvania State University, 2010.

30. **Baryannis, G., & Plexousakis, D.** *Automated Web Service Composition:State of the Art and Research Challenges.* s.l. : ICS-FORTH, Tech, 2010.

31. *Web service composition-current solutions and open problems .* **Srivastava, B., & Koehler, J.** (2003, June). (Vol. 35, pp. 28-35).

32. *Adaptive and Dynamic Service Composition in eFlow .* **Casati, F., Ilnicki, S., Jin, L., Krishnamoorthy, V., and Shan,.** s.l. : Proceedings of the International Conference on Advanced Information Systems Engineering, 2000.

33. *SWORD: A Developer Toolkit for Web Service Composition.* **Shankar, P. and Fox,.** s.l. : Proceedings of the Eleventh International World Wide Web Conference, 2002.

34. *Automatic Web Service Composition Based on Service Interface Description.* **J. Zhang, S.Yu, X.Ge and G.Wu, ", .** s.l. : In Proceedings of International Conference on Internet Computing, '2006.

35. *Dynamic Web Service Composition and Parameters Matchmaking.* **M. Allauddin, F. Azam,.** 9, New York, USA : Foundation of Computer Science: International Journal of Computer Applications, December 2011, Vol. 36.

36. *Similarity-based Web Service Matchmaking.* **Wu, J. and Z. Wu** , **Orlando, FL, USA.** s.l. : IEEE Int'l Conf. on Services Computing (SCC), (2005).

37. *An algorithm for Web services composition and adaptation based on interface description.* **Oussalah, Y., & Zeghib, N.** sousse : In Information Technology and e-Services (ICITeS), 2012 International Conference on IEEE, (2012, March). .

38. *Similarity search for web services.* **Dong, X., Halevy, A., Madhavan, J., Nemes, E., & Zhang, J.** s.l. : In Proceedings of the Thirtieth international conference on Very large data bases, (2004, August). Volume 30 (pp. 372-383). VLDB Endowment..

39. *Formal specification of flexible web service composition.* **Oussalah, Y. and Zeghib, N.** s.l. : Int. J. Critical Computer-Based Systems, 2015, Vol. in press .

40. *Composing Web services on the Semantic Web.* **Medjahed, B. , A. Bouguettaya , and A. K. Elmagarmid.** 4, 2003, Vol. 12. VLDB J..

41. *Semantic matching of web services capabilities.* **Paolucci, M., Kawamura, T., Payne, T. R., & Sycara, K.** Berlin Heidelberg : In The Semantic Web—ISWC Springer., 2002 .

42. *OWL-T An Ontology-based Task Template Language for Modeling Business Processes.* **TSUJI, V. X. Tan and H.** s.l. : Fifth International Conference on Software Engineering Research, Management and Application, 2007.

43. *SWSCF: A Semantic-based Web Service Composition Framework.* **J. Hu, et al.** 4, s.l. : Journal of Networks, ACADEMY PUBLISHER, 2009, Vol. 4.

44. *Semi-automatic Composition of Web Services using Semantic Descriptions.* **[22] Sirin, E, J. A. Hendler , and B. Parsia.** s.l. : WSMAI: Workshop on Web Services: Modeling, Architecture and Infrastructure, (2003) .

45. *Combining planning with semantic matching to achieve web service composition.* **[23] Akkiraju, R. , B. Srivastava , A.-A. Ivan , R. Goodwin , and T. F.Syeda-Mahmood.** s.l. : In Web Services, 2006. ICWS'06. International Conference, (2006, September).

46. *Towards a semantic- and context-based approach for composing web services.* **Mrissa, M., Benslimane, D., Maamar, Z. and Ghedira, C.** 3, s.l. : Int. J. Web and Grid Services, 2005, Vol. Vol. 1,.

47. *'Inferring data transformation rules to integrate semantic web services.* **Spencer, B. and Liu, S.** Hiroshima, Japan : Proceedings of the 3rd International Semantic Web Conference (ISWC2004), 2004.

48. *OWL-S Ontology Framework Extension for Dynamic Web Service Composition.* **[96] Dong, J., Sun, Y., & Yang, S.** s.l. : In SEKE , 2006.

49. *Dynamic web service composition based on OWL-S.* **[97] Dong, J., Sun, Y., Yang, S., & Zhang, K.** 6, s.l. : Science in China Series F: Information Sciences, 2006, Vol. 46.

50. *Service selection model based on qos reference vector.* **Wu, B., Chi, C. H., & Xu, S.** s.l. : In Services, 2007 IEEE Congress , 2007.

51. *Quality driven web services composition.* **Zeng, L., Benatallah, B., Dumas, M., Kalagnanam, J., & Sheng, Q. Z.** s.l. : In Proceedings of the 12th international conference on World Wide Web (pp. 411-421). ACM., 2003.

52. *QoS-Aware Middleware for Web Services Composition.* **Zeng, L. , B. Benatallah , A. H. H. Ngu , M. Dumas , J. Kalagnanam ,and H. Chang.** 5, s.l. : IEEE Trans. Software Eng, 2004, Vol. 30.

53. *QoS computation and policing in dynamic web service selection.* **Liu, Y., Ngu, A. H., & Zeng, L. Z.** s.l. : In Proceedings of the 13th international World Wide Web conference on Alternate track papers & posters (pp. 66-73). ACM., 2004.

54. *Efficient algorithms for Web services selection with end-to-end QoS constraints.* **Yu, T., Zhang, Y., & Lin, K. J.** 1, s.l. : ACM Transactions on the Web (TWEB), 2007, Vol. 1.

55. *QOS Based Service Search and Composition Algorithm.* **Shah, M. A., & Azam, F.** s.l. : International Proceedings of Computer Science & Information Technology, 2012.

56. *QoS Based Dynamic Web Services Composition & Execution.* **Khan, F. H., Bashir, S., Javed, M. Y., Khan, A., & Khiyal, M. S. H.** 2, s.l. : International Journal of Computer Science and Information Security,, 2010, Vol. 7.

57. *Value-based dynamic composition of web services. .* **Nakamura, K., & Aoyama, M.** s.l. : In Software Engineering Conference, 2006. APSEC 2006. 13th Asia Pacific (pp. 139-146). IEEE., 2006.

58. *Process Mediation Based on Triple Space Computing.* **Z. Zhou, B. Sapkota, E. Cimpian, D. Foxvog, L. Vasiliu, M. Hauswirth and P. Yu.** s.l. : Proceedings of the 10th Asia-Pacific Web Conference,April 2008, Shenyang, China., 2008.

59. *Protocol-based web service composition.* **Hassen, R. R., Nourine, L., & Toumani, F.** Berlin : In Service-Oriented Computing–ICSOC 2008 (pp. 38-53). Springer Berlin Heidelberg, 2008.

60. *Using UML to model web services for automatic composition.* **Elgammal, A., & El-Sharkawi, M.** 2, s.l. : International Journal of Software Engineering, 2010, Vol. 3.

61. *Behaviour-aware discovery of Web service compositions.* **Brogi, A., & Corfini, S.** 3 , s.l. : International Journal of Web Services Research (IJWSR), 2007, Vol. 4.

62. *HTN planning for web service composition using SHOP2.* **Sirin, E. , B. Parsia , D. Wu , J. Hendler , and D. Nau.** 4, s.l. : Journal of Web Semantics, 2004, Vol. 1.

63. *Automatic Composition of E-Services that Export Their Behavior .* **al., D. Berardi et.** s.l. : Proc. 1st Int'l Conf. Service-Oriented Computing (ICSOC 03), LNCS 2910, Springer-Verlag, 2003, pp. 43–58, 2003.

64. *A Petri net-based model for web service composition.* **Hamadi, R., & Benatallah, B.** s.l. : In Proceedings of the 14th Australasian database conference-Volume 17 (pp. 191-200). Australian Computer Society, Inc., 2003.

65. *Adapting golog for composition of semantic web services.* **McIlraith, S., & Son, T. C.** s.l. : Proc. 8th Int. Conf. on Knowledge Representation and Reasoning (KR2002), 2002.

66. **Mrissa, M.** *Médiation Sémantique Orientée contexte pour la composition de services Web.* s.l. : Université Claude Bernard Lyon IUFR Informatique, 2007.

67. *Mediators in the architecture of future information systems.* **Wiederhold., G.** 3, s.l. : IEEE Computer, 1992, Vol. 25.

68. **Baoping, LIN.** On Interface Compatibility and Mediation of Web Services. 2010.

69. *Web services interoperability specifications.* **H. R. M. Nezhad, B. Benatallah, F. Casati, and F. Toumani,.** no. 5, s.l. : Computer, 2006, Vol. vol. 39.

70. *Merging XPath and URLs for enhanced web and web service data retrievals.* **Giribet, D.** Algarve, Portugal : In Proceedings of the IADIS International Conference on Applied Computing,volume 2, 2005.

71. Xml path language. [En ligne] http ://www.w3.org/TR/xpath.

72. **[46] ., last visite, April 2013.** Xml query language. [En ligne] http ://www.w3.org/TR/xquery/.

73. *Xsl transformations.* [En ligne] http://www.w3.org/TR/xslt ..

74. *Protocol specifications and component adaptors.* **Strom., D. M. Yellin and R. E.** 2, s.l. : ACM Transactions on Programming Languages and Systems(TOPLAS), 1997, Vol. 12.

75. *Cooperation of processes through message level agreement.* **J. Zdravkovic and P. Johanesson, Riga, Latvia.** s.l. : In Proceedings of the 16th CAiSE International Conference, number 3084 in LNCS Springer Verlag., June 2004.

76. *Developing adapters for web services integration.* **B. Benatallah, F. Casati, D. Grigori, H.R. Motahari-Nezhad, and F. Toumani.** Porto : In Proceedings of the 17th International Conference on Advanced Information System Engineering CAiSE, 2005.

77. *Adapt or perish : Algebra and visual notation for service interface adaptation.* **M. Dumas, M. Spork, and K. Wang.** Vienna : In Proceedings of the 4th International Conference on Business Process Management (BPM), number 4102 in LNCS.

78. *Mediating heterogeneous web services. In Applications and the Internet.* **Pires, P. F., Benevides, M. R., & Mattoso, M.** s.l. : Proceedings. 2003 Symposium on (pp. 344-347). IEEE., 2003.

79. *Interoperability among independently evolving web services.* **Ponnekanti, S. R., & Fox, A.** New York : In Proceedings of the 5th ACM/IFIP/USENIX international conference on Middleware (pp. 331-351). Springer-Verlag New York, Inc., 2004.

80. *Resolving data mismatches in end-user compositions.* **Velasco-Elizondo, P., Dwivedi, V., Garlan, D., Schmerl, B., & Fernandes, J. M.** Berlin : In End-User Development . Springer Berlin Heidelberg., 2013.

81. *Run-time Composition and Adaptation of Mismatching Behavioural Transactions.* **J. Camara, G. Salaun, and C. Canal.** London : Fifth IEEE International Conference on Software Engineering and Formal Methods SEFM 2007, 2007.

82. *Reconciling Web Service Failing Interactions : Towards an Approach Based on Automatic Generation of Mediators . **A. Aït-Bachir and M. Fauvet, ".** paris : 16th IEEE International Workshops on Enabling Technologies: Infrastructure, 2007.

83. *An Approach to Adapt Service Requests to Actual Service Interfaces.* **Nitto, L. Cavallaro and E. Di.** s.l. : In Proceedings of the 2008 international workshop on Software engineering for adaptive and self-managing systems, 2008.

84. *Semi-automated adaptation of service interactions.* **H. R. Motahari Nezhad, B. Benatallah, A. Martens, F. Curbera, and F. Casati.** s.l. : " in Proceedings of the 16th international conference on World Wide Web, 2007, pp. 993–1002, 2007.

85. *Towards automatic mediation of OWL-S process models.* **K., Vaculín R and Sycara.** USA : In Proceedings of ICWS 2007, Salt Lake City, USA, 1032-1039., 2007.

86. JOpera for eclipse . [En ligne] avril 2013. http://www.jopera.org/.

87. *The theory of timed I/O automata.* **Kaynar, D. K., Lynch, N., Segala, R., & Vaandrager, F.** 1, s.l. : Synthesis Lectures on Distributed Computing Theory, 2010, Vol. 1.

88. *A Theory of Timed Automata.* **Dill, R. Alur and D. L.** 2, s.l. : Theoretical Computer Science, 1994., Vol. 126.

89. *Synchronizations in Team Automata for Groupware Systems.* **al, M. H. ter Beek et.** 1, s.l. : Computer Supported Cooperative Work, 2003, Vol. 12.

90. *Analysis of Interacting BPEL Web Services.* **X. Fu, T. Bultan, and J. Su.** s.l. : in Proc. WWW'04. ACM, 2004.

91. *WSAT: A Tool for Formal Analysis of Web Services.* **X. Fu, T. Bultan, and J. Su.** s.l. : in Proc. CAV'04, ser. LNCS, no. 3114. Springer, 2004.

92. **Holzmann, G. J.** *The SPIN model checker: Primer and reference manual.* 2004. Vol. 1003.

93. *An automaton-based approach for web service mediation.* **Fauvet, M. C., & Aït-Bachir.** s.l. : FRONTIERS IN ARTIFICIAL INTELLIGENCE AND APPLICATIONS, 2006.

94. *Automated adaptor generation for services based on pushdown model checking.* **Lin, H. H., Aoki, T., & Katayama, T.** s.l. : In Engineering of Computer Based Systems (ECBS) 18th IEEE International Conference and Workshops, 2011 .

95. *A petri net-based method for compatibility analysis and composition of web services in business process execution language. .* **W. Tan, Y. Fan, and M. C. Zhou,.** 1, s.l. : Automation Science and Engineering, IEEE Transactions , 2009, Vol. 6.

96. *A Petri net-based model for web service composition.* **Hamadi, R., & Benatallah, B.** s.l. : In Proceedings of the 14th Australasian database conference-Volume 17 (pp. 191-200). Australian Computer Society, Inc., 2003.

97. *A pattern-based approach to protocol mediation for web services composition.* **Li, X., Fan, Y., Madnick, S., & Sheng, Q. Z.** 3, s.l. : Information and Software Technology, , 2010, Vol. 52.

98. **N. Marti-Oliet, J. Meseguer.** *Rewriting logic as logical and semantic framework.* s.l. : SRI International, Computer Science Laboratory, 1993. SRI-CSL-93-05,.

99. *Checking protocol compatibility using Maude.* **Durán, F., Ouederni, M., & Salaün, G.** s.l. : Electronic Notes in Theoretical Computer Science, 255, 65-81., 2009.

100. *Automatic Web services composition using maude strategies.* **Fateh, L. A. T. R. E. C. H. E., Hacene, S. E. B. I. H., & Faiza, B. E. L. A. L. A.** s.l. : In Modeling, Simulation and Applied Optimization (ICMSAO), 2013 5th International Conference, 2013.

101. *Conditional rewriting logic as a unified model of concurrency.* **Meseguer, J.** 1, s.l. : Theoretical computer science, 1992, Vol. 96.

102. **H. Sebih, K. Barkaoui.** *Réécritures concurrentes et génération du graphe d'accessibilité.* s.l. : Laboratoire LIRE ,Université de Constantine,.

103. *Rewriting logic semantics: From language specifications to formal analysis tools.* **Meseguer, J., & Roşu, G.** s.l. : In Automated Reasoning (pp. 1-44). Springer Berlin Heidelberg, 2004.

104. Maude overview. [En ligne] Available at: http://maude.cs.uiuc.edu/overview.html. .

105. **Lien, E.** *Formal modelling and analysis of the NORM multicast protocol using Real-Time Maude.* 2004.

106. *A Petri net siphon based solution to protocol-level service composition mismatches.* **Xiong, P., Zhou, M. and Pu, C.** s.l. : ICWS 2009, IEEE International Conference on Web Services, July, pp.952–958, IEEE., 2009.